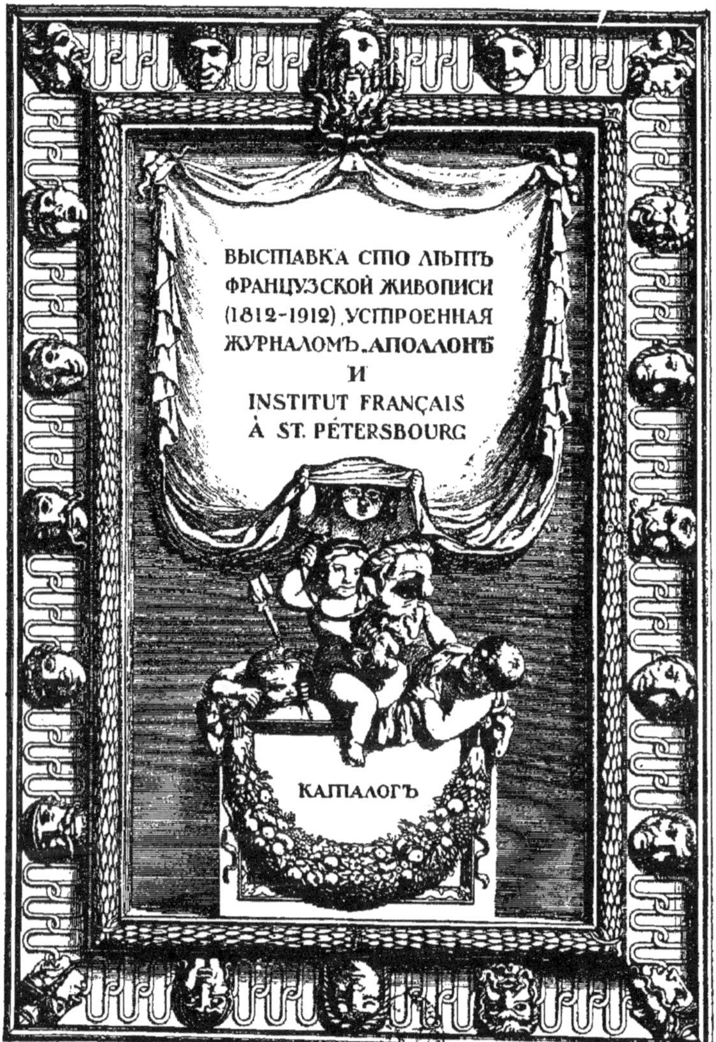

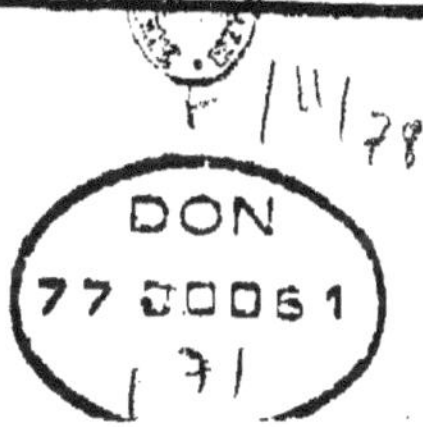

ВЫСТАВКА СТО ЛѢТЪ
ФРАНЦУЗСКОЙ ЖИВОПИСИ
(1812–1912), УСТРОЕННАЯ
ЖУРНАЛОМЪ „АПОЛЛОНЪ"
И
INSTITUT FRANÇAIS
À ST. PÉTERSBOURG

КАТАЛОГЪ

EXPOSITION

CENTENNALE DE L'ART FRANÇAIS

À SAINT — PÉTERSBOURG

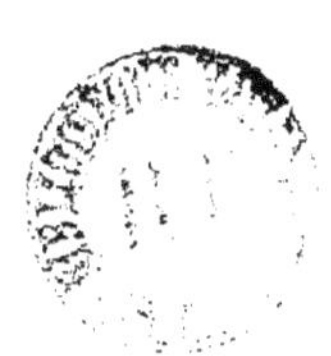

Sous le haut patronage de Son Altesse Impériale le Grand Duc Nicolas Mikhaïlovitch organisée au profit de la Societé pour la Protection des monuments d'Art en Russie par la revue d'art „Apollon" et l'Institut Français de Saint-Pétersbourg.

EXPOSITION CENTENNALE de l'ART FRANÇAIS

À SAINT-PÉTERSBOURG.

Président d'Honneur: S. A. I. le GRAND-DUC

NICOLAS MIKHAÏLOWITCH.

COMITÉ DE PATRONAGE

S. E. M. le Ministre des Affaires Etrangères.
S. E. M. le Ministre de l'Instruction Publique et des Beaux-Arts.
S. E. M. le Sous-Secrétaire d'Etat aux Beaux-Arts.
S. E. M. Georges Louis, Ambassadeur de France à Saint Pétersbourg.
MM.
Arsène Alexandre, Conservateur du Palais de Compiègne.
Le Comte d' Andigné, Conseiller Municipal, Président de la Commission des Beaux-Arts de la Ville de Paris.
Edouard Aynard, Député, Membre de l'institut.
Charles Bayet, Conseiller d'Etat Directeur de l'Enseignement Supérieur.
Léonce Bénédite, Conservateur du Musée National du Luxembourg.
A. Beurdeley.

Bigard-Fabre, Chef de Division au Sous-Secrétariat d'Etat des Beaux-Arts.

Paul Boyer, Administrateur de l'Ecole des Langues Orientales vivantes, Vice-Président de l'Institut Français de Saint-Pétersbourg.

Georges Cain, Conservateur du Musée Historique de la Ville de Paris.

René Charlier.

Le Baron Arthur Chassériau.

Le Comte Allard du Chollet.

Jules Comte, Membre de l'Institut, Directeur de la Revue de l'Art ancien et moderne.

Loys Delteil.

Jacques Doucet.

Paul Doumer, Sénateur, Ancien Ministre, Vice-Président de l'Institut Français de Saint-Pétersbourg.

Théodore Duret.

Camille Enlart, Directeur du Musée de Sculpture comparée du Trocadéro.

Fournier-Sarlovèze, Vice-Président de la Société Artistique des Amateurs.

Le Comte d'Haussonville, de l'Académie Française.

Th. Homolle, Membre de l'Institut, Directeur Honoraire des Musées Nationaux.

Raymond Koechlin, Président de la Société des Amis du Louvre.

Henri Lapauze, Conservateur du Musée des Beaux-Arts de la Ville de Paris.

Ernest Lavisse, de l'Académie Française, Directeur de l'Ecole Normale Supérieure. Président de l'Institut Français de Saint-Pétersbourg.

Georges Lecomte, Président de la Société des Gens de Lettres.

Paul Leprieur, Conservateur du Musée du Louvre.

Henry Marcel, Ancien Directeur des Beaux-Arts, Administrateur de la Bibliothèque Nationale.

Roger Marx, Inspecteur Général des Beaux-Arts.

Louis Metman, Conservateur du Musée des Arts décoratifs.

André Michel, Conservateur au Musée du Louvre.

Etienne Moreau-Nélaton.

De Panafieu, Conseiller de l'Ambassade de France à Saint-Pétersbourg.

Pierre de Nolhac, Conservateur du Musée de Versailles.

Louis Réau, Directeur de l'Institut Français de Saint-Pétersbourg.

Salomon Reinach, Membre de l'Institut, Conservateur du Musée des Antiquités Nationales de Saint-Germain en Laye.

Théodore Reinach, Député, Membre de l'Institut, Directeur de la Gazette des Beaux-Arts.

Denis Roche.

Comte Guy de la Rochefoucauld, Président de la Société Artistique des Amateurs.

Auguste Rodin.

Gabriel Séailles, Professeur à l'Université de Paris.

Thiébault-Sisson, Critique d'Art au «Temps».

Paul Vitry, Conservateur-Adjoint au Musée du Louvre.

S. E. M. Sazonoff, Ministre des Affaires Etrangères.

S. E. M. A. Isvolsky, Ambassadeur de Russie à Paris.

M. M. Le Prince Argoutinsky-Dolgoroukoff, deuxieme secrétaire à l'Ambassade de Russie à Paris.

Alexandre Benois, Vice-Président de la Société pour la protection des monuments d'art en Russie.

Victor de Goloubew.

S. A. S. le Prince Gortchakoff.

M. M.

Michel Olive.

M. Ouschkoff, Fondateur de la Revue d'art «Apollon».

Le Baron Maurice de Schilling. Directeur de la Cancellerie du Ministère des Affaires Etrangères.

Basile de Schlichting,

Le Prince Serge Stcherbatoff.

Le Comte F. Soumarokoff-Elston.

Le Comte Dmitry Tolstoy, Directeur du Musée Impérial de l'Ermitage.

Alexandre Troubnikoff, Attaché au Musée Impérial de l'Ermitage.

Pierre de Weiner, Directeur-Fondateur de la Revue d'Art «Starye Gody».

S. E. M. B. de Werestchaguine.

S. E. Le Général E. Wolkoff.

Le Prince Serge Wolkonsky.

Le Comte Valentin Zouboff.

COMITÉ D'ORGANISATION.

Luis Réau, Professeur á l'Universitè de Nancy, Directeur de l'Institut Français de Saint-Pétersbourg.

François Monod, Attaché aux Musées Nationaux et Victor de Goloubev, Délégués généraux de l'Exposition à Paris.

René Jean, Conservateur de la Bibliothèque d'Art et d'Archéologie.

Valerian Tschoudowsky, Secrétaire, Saint-Pétersbourg.

РУССКІЙ КОМИТЕТЪ.

Аргутинскій, князь Владимiръ Николаевичъ.

Бенуа, Александръ Николаевичъ.

Вейнеръ, Петръ Петровичъ.

Верещагинъ, Василій Андреевичъ.

Волковъ, Евгеній Николаевичъ.

Волконскій, князь Сергѣй Михаиловичъ.

Голубевъ, Викторъ Викторовичъ.

Горчаковъ, св. кн. Михаилъ Константиновичъ.
Зубовъ, графъ Валентинъ Платоновичъ.
Извольскій, Александръ Петровичъ.
Оливъ, Михаилъ Сергѣевичъ.
Сазоновъ, Сергѣй Дмитріевичъ.
Сумароковъ-Эльстонъ, графъ Феликсъ Феликсовичъ.
Толстой, графъ Дмитрій Ивановичъ.
Трубниковъ, Александръ Александровичъ.
Ушковъ, Михаилъ Константиновичъ.
Шиллингъ, баронъ Маврикій Фабіановичъ.
Шлихтингъ, Василій Васильевичъ.
Щербатовъ, князь Сергѣй Александровичъ.
Архитекторъ выставки Георгій Крескентовичъ Лукомскій.

———

Выставка „Сто лѣтъ французской живописи" — первая внѣ предѣловъ Франціи, на которой представлено развитіе французскаго искусства за прошлый вѣкъ. Устраивая ее, мы имѣли въ виду, главнымъ образомъ, ознакомить русскую публику съ образцами вдохновлявшими лучшихъ европейскихъ мастеровъ и являющямися какъ бы первоисточниками всей живописи XIX столѣтія. Поэтому наше вниманіе было направлено не на оффиціальныхъ академическихъ или же салонныхъ живописцевъ, имѣющихъ зачастую незаслуженную извѣстность въ Россіи, но — на художниковъвожаковъ, на художниковъ, которые въ свое время открывали новыя пути и, вмѣстѣ съ тѣмъ, умѣли беречь старыя прекрасныя традиціи французской школы. Отъ Пуссена до Сезанна около трехъ столѣтій французское искусство было преемственно. Одна изъ задачъ выставки — показать эту преемственность и связь современныхъ теченій со славнымъ прошлымъ французской живописи, съ завѣтами ея великихъ учителей: Давида, Энгра, Делакруа, Жерико, Коро, Домье, Курбэ, Манэ, Дега, Милле, Ренуара, Моне, Гогена, Сезанна. Этимъ мастерамъ удѣлили мы особое вниманіе. Наряду съ ними мы представили отдѣльными работами другихъ художниковъ, наиболѣе ярко выразившихъ различныя теченія, чередовавшіяся въ минувшемъ вѣкѣ: классиковъ, романтиковъ, барбизонцевъ, реалистовъ, импрессіонистовъ и, наконецъ, современныхъ мастеровъ... Но вслѣдствіе того, что цѣль выставки — дать и т о г и ф р а н ц у з с к о й ж и в о п и с и з а XIX с т о л ѣ т і е, мы намѣренно отказались отъ новыхъ художниковъ, творчество которыхъ принадлежитъ XX вѣку. Исключены также нѣкоторые мастера, хотя и работавшіе во Франціи, однако, не только по рожденію, но и по характеру живописи не принадлежащіе къ французской школѣ, напр., Стевенсъ, ВанъГогъ, Пикассо и др.

Осуществленію нашей задачи любезно способствовали французскій посолъ въ С.-Петербургѣ г. Georges Louis, директоръ Institut Français de St. Pétersbourg — г. Louis Réau, многіе художественные дѣятели Парижа, правительственные музеи Франціи и въ особенности — коллекціонеры, откликнувшіеся на нашъ призывъ. Между послѣдними мы считаемъ своимъ пріятнымъ долгомъ назвать г.г. Theo Behrens, Auguste Beurdeley, Henri Lapauze, baron Vitta. Кромѣ того, цѣнную помощь оказали намъ Meyer-Graefe, хранитель музея Arts Décoratifs — Louis Metman, предсѣдатель ‚О-ва Друзей Лувра‘ — г. Koechlin, хранитель Люксембургскаго музея — Leonce Bénédite хранитель музея Лувра — Paul Vitry, Loys Delteil, собравшій для выставки отдѣлъ французской гравюры, и др.

Всѣмъ этимъ лицамъ мы приносимъ нашу горячую благодарность.

Баронъ Н. Врангель.

Сергѣй Маковскій.

Le XX-e siècle est si occupé à faire l'inventaire de son préde-
cesseur qu'il semble n'avoir pas pu se décider à commencer d'exister
pour son propre compte.

C'est d'ailleurs un phénomène connu de ceux qui étudient l'histoire des arts, que dans ce domaine de l'esprit, les siècles ont toujours plus ou moins de cent ans. Le XVIII-e siècle, en France, a
été très court, si l'on considère qu'il n'a commencé qu'après la
mort de Louis XIV (bien qu'il fut annoncé par Watteau), et qu'il
finit en 1789. Le XIX-e (il est entendu que nous parlons uniquement
ment peint re) s'ouvrit dès que David se brouilla avec Fragonard,
et il vient à peine de finir. Si les savants et les hommes d'action
peuvent éprouver l'impression, avec la locomotion aérienne, la télé-
graphie sans fil et la radio-activité, qu'ils font partie d'un siècle
vraiment nouveau, les artistes et les hommes de rêve ne peuvent se
bercer même d'une illusion d'entrevoir l'art qui caractérisera la
période commençante. L'idée ne se dégage encore que trop confusé-
ment pour qu'il n'y ait pas de la témérité à la définir; nulle oeuvre n'a donné le clair et sonore signal; nulle grande figure ne s'est
annoncée avec l'intrépidité de la jeunesse et de la conquête, même aux
regards les plus anxieux et les plus clairvoyants. Le peu d'originalité que les arts essaient de nous offrir avait déjà été apporté par
des hommes qui, bien que jeunes actuellement, avaient débuté au
siècle dernier, ou même procédé de leurs ainés.

Le siècle dernier!.... En vérité ces mots sonnent à notre oreille
et à notre esprit d'une étrange et solennelle manière! Nous avons
été habitués pendant longtemps à appeler ainsi le temps de Boucher,
de Gluck et de Marivaux. Il n'est pas jusqu'aux artistes et aux écrivains
qui atteignent en ce moment leur vingtième année et entrent à leur
tour dans la lice, qui n'aient besoin de réfléchir pour nommer

siècle dernier celui même qui les vît naître et forma leurs premières pensées.

Cela pourrait paraître mélancolique à certains. Nous avouons que
pour notre part, au contraire, nous en ressentons comme une grave
et ardente allégresse.

Il n'est rien de plus beau que d'être placé entre de grandes
attentes et de grands souvenirs. Or, il faudrait être dépourvu de
foi en l'esprit humain pour renoncer à espérer que d'autres belles choses doivent naître, et peu informé de nos propres biens, de
notre héritage sacré, pour nier que de belles choses se sont accom-
plies.

Le moment est donc magnifique pour jeter un coup d'oeil en
arrière. Le panorama qui se développe d'ici est si riche et si vaste
qu'il ne peut, loin d'accabler notre courage, que nous donner con-
fiance pour continuer la route sur laquelle de frais voyageurs nous
prendront et nous laisseront à notre tour. Cette sorte de pause qui
est en même temps une récompense et un stimulant, nous ne saurions
être trop reconnaissants à nos frères d'armes de Russie dans les combats de l'esprit, de nous avoir donné aujourd'hui l'occasion d'en
goûter, à l'instant propice, les fortes joies.

En organisant, à l'entrée du XX-e siècle une exposition centennale de l'art français, la première qui ait jamais eu lieu hors de
France, Saint-Pétersbourg consacre, d'une manière pour nous infiniment émouvante, les efforts, les luttes, les apports et les finales
victoires de tant de braves gens et de coeurs passionnés qui se
sont dépensés pour ne pas laisser périr dans le monde les instincts
de beauté et les aspirations vers l'harmonie. Nous avions acclamé,
lors qu'elle fut, voilà cinq ans, ménagée au public français, la
révélation d'ensemble de la peinture russe. Puissions nous à notre
tour être étudiés et compris, et par suite, aimés! C'est le moyen
par lequel nous souhaitons de nous acquitter envers un appel aussi
chevaleresque et une hospitalité aussi fervente. Il n'en doit résulter
que des bienfaits, et la flamme pure qui éclaire le monde n'en peut
qu'être avivée.

L'on ne nous reprochera pas, nous en sommes convaincus, d'avoir
abordé ainsi notre sujet sur un ton exempt de familiarité et de simple courtoisie frivole. Un «siècle de cent vingt ans» d'art français
constitue, comme nous allons essayer de le montrer, une belle et
importante page de l'histoire humaine. Et, comme l'histoire doit se

14

tenir aussi éloignée de la sévérité injuste que de la satisfaction injusti-
fiée, il ne sierait pas d'accompagner d'une grimace de fausse modestie
l'effusion de notre gratitude.

Le palais si divers, si rempli de coins curieux, de salles harmo-
nieuses, de perspectives lumineuses ou profondes, que nous allons
visiter, se présente tout d'abord avec une majestueuse et austère
façade. L'oeuvre de David est si imposante, si volontaire, qu'elle
semble devoir dominer le siècle pour toute sa durée. Elle ne fait pas
prévoir le fourmillement de vie qui bouillonnera, une fois passé ce
seuil altier, ni soupçonner les différences de niveau, les jeux de lumière
incessamment renouvelés, qui se succèdent, dans un ordre logique
pourtant.

Nous avons souvent récapitulé, pour notre personnelle édifica-
tion, les grandes lignes de l'édifice. Nous avons plus d'une fois re-
fait la promenade; elle nous a toujours paru nouvelle suivant le
point de vue adopté. C'est dire que l'histoire sommaire que nous
allons tracer n'est qu'une des multiples histoires qu'on peut conce-
voir de l'art français au XIX-e siècle dans son développement à la
fois complexe et nettement accentué.

Presque constamment, en effet, une tendance traditionnelle et
une tendance innovatrice se superposent, et souvent se heurtent, d'un
bout du siècle à l'autre. Cela paraît tout simple d'abord. Nous
aurions ainsi les artistes qui recherchent l'Académie et sont recher-
chés d'elle, d'une part,—et de l'autre ceux qui, de parti pris, ou
sans le vouloir, par la seule spontanéite de leur nature, se trou-
vent en antagonisme avec la diathèse académique, et sont tout d'a-
bord combattus et méconnus, jnsqu'à ce que leur soient décernés des
hommages beaucoup plus retentissants que les ordinaires succès offi-
ciels.

Mais ce qui rend cette marche beaucoup plus compliquée qu'elle
ne paraît, ainsi schématisée, c'est que ces artistes, eux aussi, s'ap-
puient sur une tradition, et même plus puissante, moins artifi-
cielle, plus profonde, remontant jusqu'aux origines véritables, et pui-
sant sa belle fatalité dans l'âme même de la race. Ils se réclament
des libres anonymes qui sculptèrent nos cathédrales, et des grands
peintres dont les oeuvres ont été détruites en trop grand nombre,
mais dont nous pouvons reconstituer, par des fragments épargnés,
ou par les enluminures des manuscrits, le dru et vivace talent.
Delacroix passera pour un révolté, et même pour un révolutionnaire,

et cependant il est contenu dans Jehan Foucquet [1]. On se rira de
Corot, on niera Puvis de Chavannes, et tous deux dérivent de Poussin,
chacun avec son tempérament, et aussi son aboutissement, différents.
J.-F. Millet, que l'on insultera comme les autres, a sa tradition,
qui est celle des Le Nain. Carpeaux aura beau r.cevoir des taches
d'encre; la noire bouteille qu'on déversera sur le G r o u p e d e l a
D a n s e, n'empêchera pas de voir que ces nymphes éperdues de joie
sont les filles des héros éperdus de tristesse que tordait Pierre
Puget.

Il existe des relations plus subtiles encore, et plus inattendues.
La première fois que j'ai examiné, au Département des manuscrits
de notre Bibliothèque Nationale, les miniatures de Foucquet illustrant
les G r a n d e s C h r o n i q u e s, j'ai été stupéfait de constater que les
fonds de paysages, avec leurs tons clairs, aigus, extrêmement lumineux, étaient de minuscules Claude Monet. Il n'est jusqu'à Cézanne
qui, à sa façon, ne se soit toujours préoccupé d'interroger les procédés
de construction des maîtres anciens, des maîtres classiques même, et
lorsqu'il échoue dans les résultats, ce n'est jamais du moins sans
grandeur.

La question se complique encore d'une autre manière. Dans chacun des peintres qui croient le mieux défendre les traditions purement classiques et qui sont considérés comme les remparts même des
Instituts, un révolutionnaire cohabite, et se bat sans cesse, avec
le représentant des étroites disciplines. C'est le cas de David, qui
n'écoute plus rien quand il se trouve en face d'un beau morceau de
réalité à empoigner tout vif. C'est le cas d'Ingres, qui est longtemps
regardé comme un novateur, comme un g o t h i q u e — voyez quel
aveu de ses qualités «traditionnelles» — et qui demeurera toute sa
vie un indiscipliné qui se croit un respectueux.

D'autre part, par un curieux phénomène de reversibilité, il n'est
de véhément perturbateur de l'art officiel qui ne se croie le disciple soumis des autorités suprêmes; et qui ne le soit en effet. Delacroix se redresse fièrement lorsqu'on le félicite d'être le chef du
Romantisme, et il réplique avec indignation: «Je suis un classique,
Monsieur!» [2]. Et, à leur tour, les professeurs diplômés les plus sage-

---

[1] Le Duc d'Aumale qui avait un sentiment très juste et très français de notre art, avait réuni, à Chantilly, Foucquet et Delacroix.
[2] Trait historique.

ment refroidis ont parfois leur moment d'heureux oubli, ne fut-ce que dans un portrait par hasard plus sensible, dans une esquisse heureusement jaillie, dans un croquis parlant, échappé à une minute d'inadvertance.

Voilà pourquoi un résumé comme celui-ci peut n'offrir, en premier plan, que le nom de ceux qui ont été des innovateurs consacrés, et qui constituent la véritable originalité de l'Ecole française, sans qu'il soit pour cela autre chose qu'un chapitre de l'histoire de nos traditions. Au surplus, nous tenons compte, non pas des étiquettes d'atelier ni des célébrités personnelles, mais des grands mouvements, des grandes directions et de l'esprit; c'est-à-dire de ce qui trompe le moins et excite le plus à penser.

Dès le début du XX-e siècle, le double courant s'indique avec une beauté singulière, tragique pour ainsi dire. David (1748 — 1825) impose sa domination au nom de l'art antique. Le baron Gros (1735 — 1835) et Prud'hon (1758 — 1823) produisent en écoutant surtout leurs impulsions naturelles, et les yeux fixés sur des êtres vivants plutôt que sur des statues.

Certes, les grandes pages épiques, les magnifiques portraits de David sont des chefs d'oeuvre d'énergie, et quoique systématique leur grandeur est demeurée inattaquable. Mais comme on saigne, comme on frémit, comme on hennit, dans les grandes batailles de Gros! Comme on palpite et comme on aime dans les peintures si tendrement caressées d'ombre et de lumière de ce merveilleux amoureux Prud'hon! Et, à travers les temps, quoiqu'on fasse, une vibration héroïque, un soupir douloureux, un sourire prêt à se mouiller d'une larme, auront toujours raison contre la plus fière et la plus intangible manifestation de la raison et de la volonté. Prud'hon demeure donc, en face de David grandiose, glacial et méprisant, un tendre frère de nos rêves, de nos voluptés et de nos mélancolies. Son idyllique flûte prime les sons métalliques de la «trompette guerrière».

Quant au baron Gros, contrarié, vitupéré par David pour son trop de sincérité [1], sa magnificence finit en contrainte et en hésitation. Mais celles-ci ne doivent pas nous faire oublier celle-là. D'ailleurs, il a, sans tarder, ces deux admirables héritiers, Géricault

---

[1] Il serait nécessaire de relire souvent la lettre de David conseillant à Gros de ne plus «peindre des bottes et des sabretaches». C'est un des documents les plus expressifs de cette histoire.

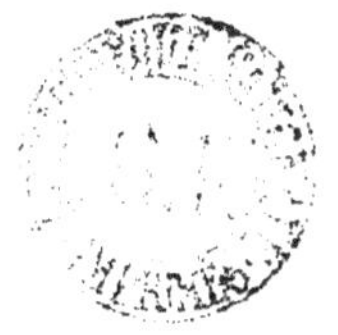

et Delacroix! tandis que David ne groupera autour de lui que Gérard, peintre d'ailleurs admirablement doué et infiniment plus sensible que son impérieux émule, — Girodet, esprit beaucoup plus souple, plus inquiet, plus cultivé également, mais qui n'a pu se préserver de la contagion de froideur, — Guèrin enfin, qui est l'académicien par excellence et qui malgré, sa bonne tenue ne saurait prétendre à marcher de pair avec aucun d'eux. Pour Prud'hon il demeure à l'état de fleur unique: un Prud'hon ne peut pas plus avoir de rejetons qu'un André Chénier.

Tout de suite après cette grandiose entrée en matièrc, la question va se poser aves plus de force encore, — car les distances seront plus accusées entre la tradition classique et la tradition vivante. Ingres va représenter la première, Géricault la seconde. On ne les oppose pas l'un à l'autre, de coutume. C'est que Géricault (1791 — 1824) disparut trop jeune, et que Delacroix, incarnation plus habituelle du second terme de cette belle antinomie, se trouva poursuivre plus longuement sa carrière et dans une période à peu près strictement égale à celle de la vie du peintre Montalbanais. Mais il n'est pas défendu de rêver ce qu'aurait été le duel de Géricault et d'Ingres! Il eût été plus formidable et plus âpre, étant données la violence contenue de Dominique Ingres et la puissance expansive de Géricault[1]. Là dessus entre ces deux champions, l'un de la tradition classique, l'autre de l'effervescence moderne, quel rôle aurait joué Delacroix, le grand visionnaire, le coloriste du frisson! Toujours est-il que le fringant et hardi Garde-du-corps, le réaliste plein de grandeur et de vigueur du Cuirassier blessé et de la Méduse tomba frappé au commencement même de la bataille, mais non sans avoir eu le temps de faire un grand geste qui fut aperçu, de donner un grand ordre qui fut entendu, à distance, par tous les beaux peintres, qui en Europe comme en France, cherchèrent à fixer la majesté du réel. Il est permis de soutenir que Courbet fut un de ces exécuteurs testamentaires de Géricault.

L'on dira peut-être que l'héritier fut moins grand que le donataire. Nous verrons tout à l'heure ce qu'il en faut penser. Mais dès maintenant nous pourrons dire que les maîtres illustres que nous

---

[1] Eloquence des dates. L'a p o t h é o s e d'H o m è r e est de 1827, et de la même année le prodigieux S a r d a n a p a l e. Mais le N a u f r a g e d e l a M é d u s e est de 1819!

venons de situer ont été plus mal continués; car on verra, en
somme, David et Ingres finir en Flandrin, et Gros en Horace Vernet. A Dieu ne plaise qu'en cette préface, qui n'est point un écrit
de polémique, nous soyons suspectés d'avoir voulu nous montrer caus-
tiques envers des réputations consacrées. Mais il est certain que le
peintre des fresques de St Germain des Prés devant le jugement una-
nime d'à présent, est moins le représentant de la tradition française
continuée que ne le sera Puvis de Chavannes et que d'autre part
l'agile auteur de la Prise de la Smalah, avec toute son oeuvre,
fait moins haute figure que Géricault avec ses peu nombreux tableaux.

Ingres demeura très à part. On lui a rendu, ces temps-ci, bril-
lante et pleine justice. Nous avons, une fois de plus, reconnu en
lui, non plus le «Chinois égaré dans les rues d'Athènes» [2] qu'ap-
préciait sans bienveillance un critique de son époque, mais un très grand
maître, plein de fermeté, d'originalité et de goût, portraitiste d'une acuité
singulière, dessinateur d'une précision, d'une hardiesse et d'une finesse sans
pareilles, peintre d'histoire capable de ressentir de l'enthousiasme plutôt que d'en communiquer, offrant en un mot, un mélange surprenant
de passion avec toutes les apparences extérieures de l'absence de passion. Ingres est donc une très salutaire et haute figure qu'il y aura
toujours profit et quelquefois nécessité à interroger périodiquement,
et un artiste dont les peintures ont acquis une exceptionnelle valeur
de documents historiques, d'objets précieux, et d'oeuvres expressives
d'une des principales tendances de l'esprit humain: le désir de l'ordre
et l'idéalisation de la nature. Mais cette tendance n'est pas la seule
qui puisse animer à jamais les arts. Elle s'épuise non moins aisé-
ment, et suivant des lois non moins constantes que les tendances
adverses: l'attrait du déchaînement et la rude volupté du réel. L'inspiration d'Ingres ne pouvait satisfaire exclusivement la société française, ni l'intelligence humaine en général, si pure, si élevée qu'elle
fut, et quelque passion intérieure qui couvât sous des apparences
froides et châtiées. L'antiquité même, où elle se réfugiait obstinément, pouvait être comprise d'une façon plus vivante et plus proche
de nous-mêmes. La preuve en est que Delacroix conçût un Virgile
et un Homère même étrangement différents, et que les peintures qui
décorent la Bibliothèque de la Chambre des Députés sont exactement,
tout en évoquant de façon merveilleuse le génie et la vie antiques,

---

[2] Théophile Sylvestre. Les artistes français.

aux antipodes de la célèbre Apothéose du chantre de l'Iliade et de
l'Odyssée.

Au moment où Ingres s'érigeait le plus nettement en défenseur
de la tradition classique, les générations nouvelles exigeaient autre
chose. Napoléon et ses peintres étaient déjà d'un autre temps. La période épique étant terminée, une rénovation était nécessaire, et elle
ne pouvait procéder des doctrines précisement hostiles à toute vel-
léité rénovatrice. Elle allait trouver sa satisfaction dans deux grands
courants nouveaux, ou renouvelés: l'Imaginaire, et le Naturel.

Delacroix, le grand visionnaire, Corot, le pur poète de la terre
et de l'air, devaient le plus largement étancher cette double soif de
l'art français.

Sur un signe d'Eugène Delacroix, l'inspiration Shakespearienne
reprit possession de la peinture. Du moins, quoi qu'il doive survivre
du grand mouvement romantique en dehors même de Delacroix, elle
toucha de son doigt de flamme le front et le coeur de ce frémissant
évocateur. Dante et Virgile naviguant parmi les damnés, les Croisés
envahissant les palais de Constantinople et faisant franchir à leurs
chevaux les femmes prostrées dans l'effroi et la douleur; le Turc mas-
sacrant les femmes de Scio et sourd à leurs tragiques plaintes; les
barricades de 1830 sur lesquelles s'avance la Liberté; la Gréce expirante
sur les ruines de Missolonghi; Hamlet tenant dans ses mains le crâne
du pauvre Yorick pendant que les fossoyeurs chantent dans la brume
leur chanson aigrement bouffonne; lady Macbeth portant la lampe qui
rend sa pâleur encore plus terrifiante; Médée palpitante de haine et
de fureur parmi ses enfants égorgés; Sardanapale trônant sinistre
et fier sur un amoncellement de chairs éblouissantes que vont tout
à l'heure dévorér, en même temps que sa propre Majesté, les flam-
mes du bûcher gigantesque, Héliodore renversé dans le temple par les
vengeurs célestes, Jacob luttant avec l'Ange; Apollon s'avançant sur
son char de lumière après avoir transpercé le formidable Python; la
sublime épopée humaine du Palais Bourbon, qui contient toute
l'histoire de la poésie, de la science et de l'art; les chasseurs s'élan-
çant sur les grands fauves, qui (font) craquer entre leurs mâ-
choires et leurs griffes leur proie toute pantelante; Paganini, appa-
raissant dans un minuscule chef d'oeuvre, comme une fantastique
incarnation de la mélodie; Chopin, dressant sa tête aristocratique et
maladive, tout dévoré d'inspiration et d'amour; les légendes les plus
éblouissantes de couleur, les plus résonnantes de chocs d'armes et

d'armures de Walter Scott et de Byron; Faust et Méphistophélès sarcastiquement lithographiés; l'Orient splendidement dépeint; — voilà seulement une partie de cette oeuvre qui brûle de toutes les fièvres, exprime tous les désirs et tous les désespoirs, ouvre à l'imagination des horizons toujours renouvelés et toujours illimités. Oeuvre de grand solitaire et de grand sensitif; oeuvre de poésie non point froide et abstraite, mais tourmentée et entraînante, tellement inquiéte et tellement épurée par le feu perpétuel qui la fait scintiller et ruisseler de pierreries qu'auprès de cela c'est Ingres, l'idéaliste par excellence. qui paraît être le matérialiste!

Je ne veux en aucune façon recommencer à mettre aux prises Ingres et Delacroix. Cette vieille querelle est périmée et ne saurait plus créer de camps ennemis. Au surplus, bien qu'ils soient à peu près contemporains, je considère que les oeuvres d'I n g r e s (1780 — 1867) e t de Delacroix (1798 — 1863) ne s'opposent point l'une à l'autre, mais en réalité que l'oeuvre du peintre des C r o i s é s succède à celle du peintre de la V é n u s A n a d y o m è n e.

Comme cette introduction à un catalogue ne peut signaler que les sommets, je n'entrerai pas dans le détail des peintres de l'époque et de la tendance romantique. Même maintenant. il nous est difficile de déterminer la place qu'occuperont dans les musées de l'avenir des peintres qui ont excité des enthousiasmes et qui en provoqueront peut-être encore après avoir été par nous injustement négligés, puis oubliés presque entièrement. Il est certain qu'il y a de magnifiques qualités d'imagination et de fougue chez Louis Boulanger, une grande richesse de couleur chez Champmartin, chez Descamps, chez Dévéria. Les dessinateurs romantiques comme Nanteuil, comme le graveur Méryon, ne peuvent qu'être de plus en plus appréciés à mesure qu'ils s'éloigneront dans le temps. Parfois un nom demeure attaché à un seul tableau, alors que tout le reste de l'oeuvre demeure dans l'oubli. C'est le cas d'Emile Deroy avec son portrait de B a u d e l a i r e, racontant toute une époque et toute une âme [1] D'autre part, il y a de charmants petits maîtres qui, avec une inspiration moins haute et moins fièvreuse, ont déjà pris possession de la durée grâce au caractère de «bibelots» de leurs oeuvres: par

---

[1] Au musée de Versailles. Lire la charmante notice de Théodore de Banville dans M e s S o u v e n i r s, qui évoque le pur type du peintre romantique.

exemple Eugène Lami, Isabey le fils du célèbre miniaturiste, et jusqu'à Henri Monnier, le créateur de J o s e p h P r u d h o m m e, caricature épique de la bourgeoisie.

Deux figures grandissent depuis quelques années et demeurent très á part, après avoir été longtemps éclipsées par la fulgurante gloire de Delacroix. Alfred Dehodencq, en peignant des scènes de la vie espagnole et de la vie mauresque, a montré une fierté de dessin, une richesse de couleur, un s t y l e, en un mot, qui protestent contre la malchance qui le poursuivit et lui conquièrent enfin au premier rang une place qui lui fut obstinément refusée par ses contemporains, sauf par le plus coloriste de tous, Théophile Gautier. Théodore Chas sériau est le second de ces deux grands artistes. Son rêve (et son erreur) fut de vouloir réconcilier en sa propre personne la ligne de Dominique Ingres et la couleur de Delacroix. Il était beaucoup plus près, avec sa nature vibrante, du second que du premier. Une de ses oeuvres capitales a péri: la décoration de l'ancienne Cour des Comptes. Mais la S u z a n n e du Louvre, les peintures de Saint-Roch et de Saint Philippe du Roule, et certains portraits du senti-ment le plus profond lui conserveront une situation rare dans l'estime des raffinés.

J'ai dit tout à l'heure que l'école de David et celle d'Ingres avaient fini parmi les glaces du pôle. Pourtant il serait injuste d'oublier certains artistes peu connus maintenant, peu souvent cités, comme Mottez qui se passionna pour les procédés de la vraie peinture à la fresque, comme Amaury Duval, comme les Lyonnais Jeanmot et Papety qui eurent de délicieuses qualités de primitifs.

Quant à l'école de l'anecdote historique qui peuple les galeries de Versailles, et qui peut être considérée comme la postérité dégénérée de Gros, qu'elle se glorifie de Paul Delaroche, ou de Robert Fleury, ou même de Léon Cogniet qui du moins fut un professeur paternel — elle nous paraît pouvoir être ici négligée.

Le second des deux grands courants de rénovation où la pein-ture allait puiser à longs traits après la chute des écoles clas-siques dans la froideur et l'insignifiance, fut l'observation atten-tive de ce qu'on a appelé du terme pédantesque, mais assez cu-rieux, de la «nature naturante», et son interprétation convaincue, à l'exclusion de tout autre sujet, modèle, ou élément de l'oeuvre d'art.

Pour la première fois, on s'aperçut, en France, que des arbres, du ciel, des eaux, les spectacles des saisons, les idylles ou les drames de la lumière, pouvaient suffire à toutes les ambitions et à toutes les amours de l'artiste. Les Hollandais avaient été oubliés, ou tout au moins on ne s'avisait point de croire qu'on put faire renaître leurs vertus. Constable était à peine connu, et Turner ne l'était que comme un extravagant. C'est pourtant leur influence soudain recueillie par un groupe d'artistes admirables, qui apporta la nouveauté désirée, mais non pas acceptée sans combats. La noble et douce voix de Corot allait jouer sa partie dans le concert.

On a déjà pu s'apercevoir que dans cette revue, nous datons l'importance des oeuvres décisives et des maîtres qui inaugurent et dominent des phases nouvelles, non point du moment tardif où le succès leur arriva, mais bien du temps où ils entrèrent en scène soit l'obscurité, ou parmi les risées. Sans cela il faudrait faire de Corot un peintre de la fin du second Empire.

L'oeuvre des grands artistes, la création d'une forme nouvelle succédant aux formules usées, sont semblables aux coups de canon que nous voyons tirer à une longue distance: le projectile a frappé le but avant que le bruit de la détonation soit perçu par nos oreilles. Mais c'est le moment où le coup part qui compte. Personne ne se doutait lorsque parurent Corot, et ses amis Théodore Rousseau, Jules Dupré, Daubigny et deux autres non moins illustres dont je réserve le nom parce qu'ils représentent d'autres idées tout en ayant combattu le même combat — que ces peintres, indifférents au public, méprisés des connaisseurs, refusés par les jurys, étaient des rénovateurs dans toute la force du mot et s'emparaient en souriant d'un des sommets de l'histoire de l'art au XIX-e siècle. Mais puisque nous le savons, nous (et nous avons mis assez de temps à le savoir), il faut bien que nous fassions remonter leur action et leur gloire à leur obscur point de départ.

Les velléités de paysage pur avaient été trop rares et trop modestes alors pour constituer un précédent. Bruandet, Bidault, Michel, peintre des moulins à vent de Montmartre et de Saint-Denis ne sont pas les initiateurs de l'Ecole de Fontainebleau. On ne concevait ce g e n r e du paysage que comme prétexte à scènes historiques plus ou moins dérivées de Poussin. ou à scènes familières et à aperçus topographiques comme Joseph Vernet. Nous venons de le dire, ce qui régénéra la peinture, en l'âme et la personne de Corot, de

Rousseau et des autres, ce furent les vivifiantes senteurs forestières d'Hobbema et de Ruysdäel, et l'air salin, les fraicheurs verdoyantes de John Constable.

Corot (1796 — 1875) est le maître qui permet le mieux de vérifier cette thèse: Ses premières études sont celles d'un respectueux néophyte du paysage historique. Corneile d'Aligny, son maître, lui a comme il convient enseigné l'art de placer «son arbre brun» au premier plan, d'agencer avec les lignes des «collines» de nobles «fabriques», et de ne pas oublier, quelles que soient les séductions d'ailleurs nécessaires de la perspective aérienne, que la nature doit être toujours l'accompagnement de la figure humaine jouant son rôle dans une action choisie de la fable et de l'histoire. Corot s'adonna avec passion, avec acharnement, à l'étude des éléments d'une peinture ainsi comprise. Il dessina les arbres feuilles par feuilles et nota les moindres rugosités des rochers dans la forêt. Il fit le voyage d'Italie et peignit les plus beaux édifices du passé, Saint Pierre comme le Colisée, la fière silhouette de Volterra; la nature trouva en lui un contemplateur attendri, un transcripteur net et précis; le lac d'Albano et celui de Nemi, les Cascades de Tivoli, les pâles oliviers dans les claires campagnes. Ainsi armé, il entreprit de grands tableaux où des figures au contour bien arrêté évoluaient dans des paysages fortement agencés. Mais déja la puissance même de cette construction de toutes les parties d'un paysage qui forment, tant elles sont étroitement enlacées, comme un organisme complet, mieux encore, un organe, cette puisssance même, dis-je, annonçait une tendance différente de celle des autres compositeurs de tableaux. La c o m p o s i t i o n, changeant peu à peu d'objet et de nom, sans changer de principe intérieur devenait de la s y n t h è s e. Au lieu d'être uniquement l'accompagnement de la f i g u r e humaine, la peinture devint celui de la pensée humaine, et simplement de celle du peintre lui-même, pensée poétique, sensible, écho de l'émotion et d'un rève du spectateur.

Ainsi, on peut dire que ceci constituait une évolution absolument moderne de la peinture, l'évolution en quelque sorte m u s i c a l e. Corot réalisait dans le domaine des couleurs ce que Beethoven, environ un tiers de siècle auparavant, avait apporté dans le domaine des sons. Il faisait sa S y m p h o n i e P a s t o r a l e, et à tous les tableaux de sa nouvelle et décisive manière, il aurait pu mettre l'épigraphe du maître allemand: «Plutôt impression que description»

Or, où aurait-il mieux trouvé à s'assurer qu'il était dans le vrai, sinon chez ceux de ses prédécesseurs, plus lointains ou tout proches, qui s'étaient le plus éloignés du système, et le plus ingénument confiés à ces impressions de nature, c'est-à-dire les paysagistes Hollandais et Anglais? Mais il devait demeurer en lui la grandeur acquise de ses premières études auprès de Poussin, et même lorsqu'il ne représenta qu'un saule frissonnant au bord d'un lac sur un ciel d'argent, on savait que les nymphes allaient apparaître.

Corot, d'autre part, malgré l'attrait exclusif de la nature et des enchantements de l'atmosphère, ne fut pas plus insensible au frisson romantique qu'à la sérénité de la grande poésie classique. Le peintre de l'Incendie de Sodome et du Macbeth de la collection Wallace, nous émeut, est ému, aussi profondément que lorsqu'il modèle dans un or pâle et vivant l'Eurydice blessée, la Bacchanale, l'Amour désarmé et tant d'autres poèmes d'une si intense, d'une si unique douceur. Enfin, depuis quelques années seulement — ah! qu'il a fallu le redire! — on s'est aperçu que ce grand innovateur dans l'ordre du paysage se rattachait, par ses figures de femmes, aux plus grands poètes de la physionomie humaine, Vélasquez, Vermeer de Delft, tant elles sont mystérieusement et fortement modelées, imprégnées de tendresse rêveuse ou de profonde mélancolie.

Un poète, ce mot résume tout le génie de Corot, un poète doublé constamment d'un ouvrier robuste et candide. Et les braves gens qui lui font cortège dans l'histoire sont eux aussi de bons poètes instinctifs et d'excellents ouvriers: Théodore Rousseau avec sa vigoureuse patience, son amour de la belle couleur soutenue; Daubigny, avec sa franche allégresse champêtre: Cals, avec sa nature douce, timide, respectueuse et délicate; Jules Dupré lui-même, rude et puissant maçon de la peinture; enfin Paul Huet, Flers, et beaucoup d'autres d'une génération dont les derniers représentants vivants sont Harpignies et A. Guillemet.

Quelques beautés qui rayonnent dans les oeuvres de tous ces parfaits artistes, Corot les domine et domine son époque avec toute la sereine majesté et toute la douce splendeur d'un astre bienfaisant. Le «rameau d'or de Virgile» que Poussin disait ne pouvoir être cueilli que par l'homme de génie, il a été un de ceux qui dans notre école l'ont conquis, Virgile lui-même de la peinture comme Delacroix en est le Shakespeare. Tels sont les deux esprits dominateurs qui, l'un dans la pureté souriante, l'autre dans la passion et dans la fièvre, mais tous deux avec une ardente foi dans la Poésie, ont renouvelé l'art français dans le deuxième tiers du siècle et ont fait renaître la vie, après que l'étude impassible (tout au moins en apparence) de l'abstraction, à la fin des écoles de David et d'Ingres lui-même, menaçait de le figer et de le rendre stérile.

Entre les deux grands hommes et leurs plus proches adeptes, se placent des artistes qui sans manquer d'attaches intellectuelles avec eux, ont offrent cependant leur originalité propre. C'est surtout de Millet et de Daumier que nous voulons parler.

Avec une parfaite logique, l'oeuvre de Millet se classe entre la tendance imaginative et la réalité poétiquement interprétée par Corot. Esprit plus positiviste, mais voyant le réel avec majesté, Jean François Millet (1814—1875) s'était d'abord mépris sur sa véritable vocation. Il avait commencé en peintre romantique et poursuivait la manière vaporeuse de Prud'hon. Il lui resta de ce double point de départ, les qualités dramatiques et le modelé sculptural, sans que ces acquisitions, appliquées à des recherches différentes, devinssent des défauts. Au contraire, en faisant jouer à ses personnages la grande tragédie de l'Effort et de la Terre, et en rendant suffisamment mystérieuse et mouvante leur forte silhouette sur le ciel vaste, il apporta une importante nouveauté. Il continuait et amplifiait le domaine des Le Nain, et faisait sur le thème qu'avaient fait entendre exceptionnellement certains Flamands, les variations les plus complètes et les plus graves. Habitué qu'on était aux travestissements de la nature, sous prétexte soit de noblesse, soit d'élégance, on fut révolté devant ces récits d'une trop réelle noblesse et d'une beauté si peu flattée. Millet, avec ses paysans courbés sur la grasse glèbe, fut un des plus insultés et des plus bafoués. Pourtant, ceux qui lui prodiguèrent alors les injures basses et les indignations hypocrites ne pouvaient comprendre que lui aussi, était un pur idéaliste. Nous avons su depuis ce qu'est le réalisme absolu. La F i l e u s e, les G l a n e u s e s, l'H o m m e à l a h o u e, la H e r s e, ont pris maintenant leur rang parmi nos chefs d'oeuvre.

L'autre, Daumier, fut, lui, non pas maltraité, mais absolument inconnu, alors même qu'il était célèbre comme dessinateur politique et comme caricaturiste, pour employer un mot inexact qu'on ne lui applique plus à présent. On riait de ses lithographies, sans voir combien elles étaient profondément philosophiques, et sans chercher à découvrir s'il n'y avait pas un grand peintre sous ce populaire dessinateur. Or, ce peintre existait, mais personne ne le soupçonnait sauf ses amis immédiats et deux ou trois esprits plus spécialement pénétrants. Baudelaire, qui avait été le plus ardent et le plus éloquent défenseur de Delacroix, devina en Daumier le peintre magistral; Delacroix admira en lui un dessinateur de sa propre famille et l'on sait que dans ses veillées, il copia parfois de ses lithographies; Corot enfin fut non moins chaleureux dans son estime et se montra envers le peintre épique des Bourgeois et des Gens de justice, un frère ému et secourable. Comment définirais-je mieux, et pourquoi plus longuement, Daumier, qu'en le montrant acheté par Corot et copié par Delacroix?

Divers autres artistes, de moindre envergure, mais qui ont été très estimés (et certains méritent encore de l'être) peuvent prendre leur place ici avant que nous enregistrions une évolution nouvelle. Ce sont: François Bonvin, excellent peintre d'intimités et de scènes de la vie religieuse, précis et fin laqueur à la Hollandaise; Tassaert, peintre tour à tour voluptueux et déclamatoire, plus riche de couleur, mais moins profond de sentiment et moins vigoureux d'allure que Millet; Meissonier, pourvu d'un étonnant mécanisme de main, mais peu doué intellectuellement, qui ne put voir la vie qu'en miniature et sous des travestissements exacts, mais point évocateurs; Raffet, surtout, aquarelliste et lithographe, qui au contraire, recommença l'histoire de Napoléon avec des accents plus entraînants.

Bien d'autres pourraient être cités, si nous ne craignions pas de surcharger cet écrit d'une nomenclature — et si d'autre part, un nouveau besoin d'évoluer ne venait, vers le milieu du siècle, non pas abolir les magnifiques résultats du mouvement romantique et du mouvement naturiste, mais surgir au moment où leurs glorieux représentants avaient pris leurs positions et où leurs adeptes ne pouvaient que faiblir en les continuant.

Cette nouvelle phase peut paraître tout d'abord, assez confuse, et de visées moins claires. Mais si l'on veut bien songer que presque toujours l'art montre une alternance d'actions et de réactions, on s'expliquera qu'après la libération de l'idéalisme sous toutes ses formes, avec Delacroix, Corot, et Millet, il ne restait plus qu'au matérialisme à entrer en scène. C'est ce qui arriva lorsque se présenta Gustave Courbet (1819 — 1877).

Mais, comme en art, le matérialisme lui-même se dore des prestiges de l'interprétation, on a maintemant quelque peine à s'expliquer que certains peintres procédant de Courbet, et que Courbet lui-même, se croyant de bonne foi r é a l i s t e s, aient pu sembler à la critique et au public des profanateurs de l'idéal. Dans un avenir peu lointain, il sera encore plus difficile de distinguer en quoi Couture fut un idéaliste, et en quoi Courbet n'en fut pas un.

Il avait, il est vrai, contribué activement à créer cet éclatant quiproquo, avec ses originales et un peu bouffonnes proscriptions des anges, et sa prédilection, largement étalée, pour la chair intégrale. Mais l'auteur de tant de riches paysages et de figures robustes, le peintre de l'A t e l i e r et des D e m o i s e l l e s d e V i l l a g e a quelque chose des maîtres anciens.

Quoiqu'il en soit, c'est au nom du Réalisme que se produisit vers 1850 une agitation inédite avec Courbet pour chef et Champfleury pour annonciateur. Et c'est à Courbet et à son influence que se rattachent de très remarquables peintres qui ne sont unis que par des liens historiques ou par des communautés d'études, mais extrêmement différents entre eux.

Ces peintres qui tous reçurent quelques leçons de Courbet ou furent attirés vers lui, on peut dire qu'ils l'eurent pour m a î t r e mais qu'ils eurent pour p r o f e s s e u r un homme extrêmement remarquable, qui ne produisit pour ainsi dire pas par lui-même, et de qui le nom généralement ignoré, de son temps comme du nôtre, ne saurait être oublié sans injustice, et sans historique inexactitude. M. Lecoq de Boisbaudran dépensa beaucoup de zèle à une réforme de l'enseignement des arts du dessin, en substituant à la copie directe, si scrupuleuse et si attentive qu'elle soit, de la nature, l'é d u c a t i o n d e l a m é m o i r e p i t t o r e s q u e, c'est-à-dire, en un mot, l'observation assidue des r a p p o r t s et leur reproduction de souvenir. D'entre les mains de ce savant théoricien et de cet éveilleur d'idées sortirent Legros (1837 — 1911) peintre et graveur de grande race, auteur de l'E x - v o t o du musée de Dijon et des Femmes en prière de la Tate Gallery; Bracquemont, également artiste aux aptitudes multiples, surtout graveur et inventeur d'objets d'art, Lhermitte, frais narrateur de sites et de scènes champêtres, enfin ces deux très grands artistes qui s'appelaient J. C. Cazin et Fantin-Latour.

Cazin (1841 — 1901) a été un artiste pensif et tendre, d'une très saine mélancolie et d'une harmonieuse délicatesse. Ses oeuvres profondément calculées, ne sentent pas le calcul. Il est tantôt évocateur de l'histoire sous les apparences du présent, par exemple dans sa célèbre J u d i t h, émouvante scène qui a pour acteurs des paysans Picards et pour décor les murs de Montreuil-sur-Mer, tantôt paysagiste pur, avec ses douces et intenses vues de la campagne spacieuse et résignée, ou des dunes sauvages et fières de la région Boulonaise. En toutes ces oeuvres, il peut se dire un réaliste, mais il est plus vraiment poète et très beau poète.

Fantin-Latour (1836 — 1904) s'adonna dès ses débuts à un double penchant pour la vérité humaine et pour la féérie poètique. Réaliste et disciple de Courbet, avec une conscience magnifique et une grande élévation d'esprit, il composa des assemblées de portraits contemporains que sont à la fois des morceaux de peinture savants, forts et expressifs, et des documents d'histoire de la pensée française qui ne sauraient être trop célébrés. Ce sont, par exemple, groupés dans U n c o i n d e t a b l e, Verlaine, Rimbaud, Pelletan, etc...; réunis A u t o u r d u p i a n o, Chabrier, Vincent d'Indy, Whistler; rassemblés dans un A t e l i e r à B a t i g n o l l e s, Manet à son chevalet, et, le regardant peindre, Renoir, Monet, Zola, Maître, Bazile; enfin appelés par une commune admiration à rendre un H o m m a g e à D e l a c r o i x, Baudelaire, Champfleury, Legros, Bracquemont, Fantin lui-même.

Qu'il est curieux et pour un Français ou pour un ami de la pensée française supérieurement émouvant, ce rendez-vous, en quatre tableaux, de quelques uns des plus originaux poètes, et de divers artistes illustres qu'il nous reste à nommer encore!

Comme peintre de réve, ce réaliste, fut amené par son gôut personnel à transcrire picturalement les visions qu'évoquaient en lui les oeuvres des grands musiciens. Les riches allégories qu'il consacra ainsi à Wagner, à Schumann, à Berlioz, sont en quelque sorte le chaleureux et intense adieu du romantisme. Accessoirement, nous devons rattacher aux artistes dont les noms précèdent, comme ayant été lié avec eux, de relations et de goût, un fervent des Vénitiens. un homme d'une grande distinction, un savant peintre, vivant et oeuvrant dans une solitude volontaire, le portraitiste Ricard, qui nous a laissé de beaux portraits de femmes aux yeux de songe, comme de sombres fleurs veloutées.

Cette période, superbe en somme, est bien près d'être une période de crise. La production des belles oeuvres, la naissance d'hommes origi-

naux et hardis est loin d'être épuisée, nous le verrons. Mais les
artistes les plus grands que nous avons passés en revue, sont alors
admirés seulement par de rares esprits dénués de préjugés, et ca-
pables de créer eux mêmes leurs opinions et leurs émotions. La
foule va de préférence aux images superficielles comme aux musiques
banales, et l'élite de la société n'est pas avertie, comme elle l'est
devenue en ces toutes dernières années. Presque tous sont portés à
bafouer les tentatives les plus profondes et les oeuvres vraiment
sincères, et à redire, en les aggravant, les plaisanteries de la petite
presse. Les situations officielles sont seules garantes de l'admiration qu'il faut accorder aux oeuvres d'art. Nous n'avons plus idée
de cette disposition d'esprit en notre temps où l'on a eu trop de
tendance au contraire à ne tenir pour génial que ce qui s'écartait
du bon sens et foulait aux pieds toutes traditions, même celles que
nous venons de voir défendues si fièrement et continuées si brillam-
ment, au prix de tant de luttes. Aussi le parti académique est-il
tout puissant vers la fin du second Empire et use de cette puissance
pour écarter des expositions annuelles les artistes que nous admirons
aujourd'hui. Il faut une décision de Napoléon III pour que les
R e f u s é s aient leur Salon (1863) à côté de celui où les refuseurs
règnent [1]. Cabanel, qui forma des élèves depuis célèbres et point
toujours très académiques, et qui fut lui-même auteur de quelques
morceaux delicats; Boulanger; le suave et fin Baudry; le nerveux et
anecdotique Gerôme sont parmi les plus en vue. Nous n'avons ni
à les discuter ici, ni à les expliquer longuement. Ils n'ont plus
besoin qu'on les consacre puisqu'ils se consacrèrent eux mêmes; et
si les couronnes de certains se sont un peu fanées, nous n'avons
pas mission de leur en apporter de nouvelles.

Quelle que soit l'opposition qu'ils fassent aux grandes influ-
ences innovatrices que nous avons analysées, ces influenes ne peuvent
pas ne pas s'introduire dans les ateliers même les mieux gardés.
Mais suivant la coutume, elles ne sont supportées qu'avec des atténu-
ations. C'est ainsi qu'il se prépare tout de même un romantisme
d'école applaudi chez le d'ailleurs brillant Henri Regnault, et qu'il

---

[1] Nous avons sous les yeux le mince catalogue de leur exposition.
L'on y relève les noms de Chintreuil, Andrieux (collaborateur et
élève de Delacroix) Cals, Cazin, Fantin-Latour, Armand Gautier, Harpignies, Jongkind, Legros, Manet, Vollon, Bracquemond, Whistler.

y aura un réalisme d'école encouragé en Bastien Lepage. Nous signalons le phénomène sans avoir besoin d'y insister, car le dernier mouvement important de l'évolution est à la veille de s'accomplir.

———

Etant donné que tous ces mouvements ont commencé au millieu des moqueries et de l'hostilité, celui-ci devait avoir sa part. Il est peu d'hommes qui aient fait autant rire ses contemporains qu' Edouard Manet (1833 — 1883). Pourtant celui-ci était respectueux des maîtres; il cherchait à se former, avec un parfait scrupule et une grande modestie, dans l'étude de Velasquez et de Goya qui étaient ceux qui lui parlaient le mieux. Il ne fut pas très désapprouvé lorsqu'il peignit, avec largeur et simplicité, des Espagnols. Mais lorsqu'il appliqua exactement les mêmes qualités à la représentation de ses contemporains, il devint un des personnages réputés les plus comiques de France. Il supporta ces avanies avec bonne grâce et courage, et il tint toujours à devoir de livrer bataille au coeur même de l'armée adversaire, c'est-à-dire à exposer au Salon et même à y conquérir des médailles. A la vérité, Manet suivait les meilleures traditions de la peinture, mais sa puissance de sélection des éléments expressifs paraissait, aux regards habitués à une puérile minutie, une véritable impuissance d'exprimer. Il avait toujours eu du goût pour les gammes lumineuses, mais sobres, si différentes des coloriages en faveur. Lorsque l'année 1870 passa, le moment artistique était indécis, mais on le sentait pourtant comparable à un bourgeon tout gonflé des promesses de la sève nouvelle.

La carrière d'Edouard Manet se divise très nettement en trois phases. Dans la première sous l'influence des maîtres qui règnent au Prado, il peint fortement, grassement, des tableaux comme le Guitariste, le Toréador blessé, les Mendiants, Lola de Valence, le Christ aux Anges. La seconde le montre épris des types et des moeurs de son temps: la Leçon de musique, le Portrait de Faure dans le rôle d'Hamlet, l'Absinthe, le Fifre et plus tard le Bon bock et le Bar aux Folies Bergère d'une si habile exécution, sont parmi les spécimens les plus importants de cette période si parfaitement caractéristique du talent loyal, aisé et vigoureux de ce vraiment beau peintre. A la fin de sa vie, comme nous allons le voir, Manet, se préoccupe d'éclaircir sa palette et cette tentative même prouve à quel point sa curiosité était aiguisée, et son esprit ouvert. Si son oeuvre n'a pas une portée philosophique ou poètique égale à celle de ses prédécesseurs, elle est au niveau de n'importe laquelle par l'amour de la vie qu'elle décèle, et par la verve saine et hardie de son vigoureux métier.

Dans les premiers Salons qui suivirent la guerre, les grands succès populaires furent remportés par les peintres militaires. Détaille, de Neuville, Protais, Dumaresq, Berne - Bellecour, etc... Le Régiment qui passe et les Dernières cartouches demeurent les tableaux les plus typiques et ler vogue aurait étouffé toute discussion d'atelier s'il avait pu alors s'en produire. Les peintres qui, en face d'un académisme un peu fatigué et qui ne produit guère de pages remarquables, représentent l'art indépendant, sont peu nombreux. Courbet, poursuivi et malade est tombé dans le découragement. Ceux qui demeurent le plus acerbement critiques et qui ne se laissent pas abbattre sont Corot, Manet, et le clair-obscuriste Ribot. Pour Daumier, je le répète, il est absolument ignoré en tant que peintre; sa propre modestie l'empêche de prendre part aux expositions, convaincu qu'il est que ses robustes peintures ne sont que des essais et bien éloignés de l'oeuvre qu'il désespère de trouver le temps d'entreprendre.

C'est alors que quelques jeunes gens, gaîment ligués contre la pauvreté et chercheurs de formules nouvelles se mettent en tête d'analyser et de rendre les plus aigües vibrations de la lumière

Ils viennent à Paris de régions assez diverses. Claude Monet au Hâvre et à Honfleur, a été encouragé à faire de la peinture par le fin paysagiste Eugène Boudin. Renoir était il y a peu de temps encore peintre sur porcelaines à Limoges. Alfred Sisley, né à Paris, mais d'origine anglaise, n'ignorait pas Constable ni Turner. Pissaro arrive des Antilles et a déjà fait de la peinture dans la tradition des Orientalistes de 1830. Tous admirent profondément Corot et applaudissent Manet. Ils se passionnent pour les estampes japonaises que l'on commence à découvrir. Et tels sont les éléments de la formation de ce qu'on a appelé l'impressionnisme: ce mouvement sort entièrement de Corot, que ces jeunes peintres commencent par imiter — sans servilité d'ailleurs — et se trouve modifié par les simplifications de facture de Manet, ainsi que par les claires collaborations d'Hokousaï et d'Hiroshighé. La période héroïque de l'impressionnisme va de 1870 à 1886 environ. Les premières expositions de ces peintures vives et lumineuses font scandale. On se bat et on s'injurie rue Laffitte et à l'Hôtel des Ventes, comme on avait fait aux premiers jours du romantisme. Tout le monde sait aujourd'hui combien ces colères se trompaient d'objet, et nos yeux ont été habitués à des tonalités qui ne sont pas, en somme, plus audacieuses ni plus fraîches que celles des Primitifs eux-mêmes. Mais alors soutenir que les ombres n'étaient pas noires ou brunes paraissait à ceux qui croyaient demeurer fidèles à la Tradition, en oubliant presque toutes les traditions même de la peinture, le comble de la folie [1]. Cette folie, Edouard Manet la consacra en s'y faisant initier. Argenteuil, le Linge, et diverses autres peintures de sa dernière manière, furent exécutés suivant les théories nouvelles.

Bien que deux des plus brillants de ces peintres naguère si malmenés, à présent si bien compris, soient encore parmi nous, et quelque familière que soit la caractéristique de chacun d'eux, il faut rappeler les traits essentiels de leur physionomie. Claude Monet, c'est le panthéiste de la lumière. Les heures pour lui. ont leur physionomie propre; les saisons sont des expressions de la vie universelle. La figure humaine n'anime presque jamais ses peintures, mais ce sont elles qui, en quelsque sorte, s'animent autour de nous mêmes. Avec une finesse d'analyse exceptionnelle, il a étudié et fixé les aspects des contrées qu'il a parcourues, tous les phénomènes de l'atmosphère. Renoir a apporté dans tout ce qu'il a touché une grâce nerveuse et une sensualité subtile. C'est un grand amoureux de la nacrure des carnations féminines, un observateur amusé de l'enfance, et pour la peindre il semble qu'il se fasse lui-même. sans effort, un enfant plein de caprice et de gai génie. Ses essais en tous les sens sont innombrables, et dans la moindre chose qu'il a touchée, s'il y a parfois une négligence, la grâce survient qui la fait aussitôt paraître un charme de plus. Sisley c'était la gaîté même, et la bonne joie de peindre sans arrière pensée. Pissaro était doué du plus vigoureux et du plus probe sens de la nature rustique. Il a, par de forts et lumineux accents, exprimé la poésie instructive de la culture, l'âme rassurante et nour-

---

[1] Des gens demandaient de bonne foi à Renoir lorsqu'il peignait la Seine à Argenteuil, bleue sous le ciel bleu de l'été: «Vous peignez donc la Méditerranée»?

ricière de la terre. N'y eut-il que ces quatre grands artistes pour représente le mouvement de 1870 à 1890 ils suffiraient pour constituer à l'«Impressionnisme» son originalité et assurer sa durée.

Comme ces artistes et ces productions sont encore tres près de nous, et que du reste, les combats sont terminés faute d'adversaires, nous n'avons pas à parler plus longuement de ce mouvement. Au surplus, à mesure que nous avancerons maintenant, il nous deviendra moins aisé d'entrer dans des appréciatisons détaillées et de porter des jugements aussi formels que sur tout ce qui a précédé et sur quoi on est à peu près universellement d'accord aujourd'hui.

Toutefois, dans la période où nous voici arrivés, deux figures encore, qui ne dépendent en aucune façon des groupements et des tendances que nous avons rémuées, se détachent dans l'art contemporain avec une exceptionnelle grandeur.

Puvis de Chavannes est un de ces deux hommes. Poussin est le maître de qui il dérive le plus ostensiblement, et d'autre part, on sait que l'action de Chasseriau fut sur lui très vive. Epris des grands aspects sereins et riants de la nature, apte à traduire les grands symboles poètiques de la nature, apte à traduire les grands symboles poètiques de l'humanite en spectacles aisés et harmonieux, Puvis de Chavannes aura été le dernier très grand poète de l'art pictural au XIX-e siècle. Il a vécu dans le commerce des divinités, des Muses, des Aèdes et des saints. Le B o i s s a c r é, l a S o r b o n n e, l a V i e d e S a i n t e - G e n e v i è v e, le V i c t o r H u g o o f f r a n t l a l y r e à P a r i s, et bien d'autres grandes pages, assurent à ce noble esprit une gloire durable.

Edgar Degas est le second des artistes que je voulais dire. Celui-ci reprit fièrement la tradition ingresque dans le sens le plus libre et le plus spontané. Grand dessinateur, que l'on peut opposer à Menzel et aux plus célèbres des autres écoles européennes, observateur pénétrant et caustique, artiste d'une probité et d'une vigueur vraiment merveilleuse, Degas a donné une haute portée aux sujets en apparence limités qu'il a variés à l'infini: scènes de la danse, des champs de course, de la vie parisienne, portraits dignes d'Holbein; peu à peu M. Degas a affirmé davantage les qualités sculpturales de son modelé. A ses débuts, il est l'original disciple de Clouet et d'Ingres, à son aboutissement, son relief a la puissance de celui de Daumier. C'est un de nos plus beaux artistes et un de nos plus nobles caractères, et pour lui, cela ne semble pas étrange de dire qu'il est parmi ceux qui honorent le mieux le «siécle dernier»...

Une figure isolée, toute de fines visées et de distinguées intentions ne peut être ici absolument omise, contemporaine de celles que nous venons de mettre hors pair. Cela moins par son œuvre même, si recherchée qu'elle soit que pour l'importance de son influence et l'action de son enseignement sur une notable partie de la jeunesse artistique des dernières années du siècle. Il s'agit de Gustave Moreau, qui forma de nombreux et originaux élèves, et qui les encouragea à cultiver la subtilité de la pensée et la richesse de la matière. Tout ce qui suit est trop rapproché de nous pour que notre seule façon de le mettre en harmonie avec les vues générales que nous avons développées avec exemples à l'appui, ne consiste par à le résumer avec le plus de précision et de brièveté possible.

De l'impressionnisme commençant à rallier des partisans de plus en plus nombreux, se détache un nouveau groupe d'Indépendants, entre 1880 et 1885. Les principaux sont Seurat et Signac, qui fondent leurs théories sur le principe de la division de la touche et sur le mélange optique des éléments colorants; puis Guillaumin, Odilon Redon, Edmond Cross, Luce, etc... Il est à noter qu'a un moment de sa carrière, Camille Pissaro s'intéresse au «pointillisme» et fait des expériences en ce sens.

A cette école, plus rationnaliste, en succède une autre, répondant à un certain besoin d'idéalisme, et qui se baptise symboliste. L'exposition de la Rose Croix est alors un évènement plus bruyant que fécond.

En dehors des préoccupations purement techniques ou esthétiques, éclate, en 1890, un autre évènement dont les conséquences sont beaucoup plus importantes. A la suite de conflits de personnalités et de luttes d'ambition, se produit la retentissante séparation qui fait surgir en face de la Société des Artistes Français, la Société Nationale des Beaux-Arts, le C h a m p   d e   M a r s contre les C h a m p s   E l y s é e s. Il est inévitable d'ailleurs que l'une de ces sociétés s'affirmant conservatrice des orthodoxes disciplines, l'autre ne prenne position comme centralisatrice de tous les efforts indépendants. Ce qu'il y eut en réalité de plus important comme résultat, dans cette scission c'est qu'elle donna le signal et constitua le pro-

totype de toutes les s é c e s s i o n s qui se sont produites dans tous
les centres d'art et de l'Europe entière. Ce qui diminua sa portée,
c'est que d'autres scissions, plus spéciales et plus fragmentaires se
produisirent à leur tour, jusqu'à ce qu'un troisième Salon, le S a-
l o n d'A u t o m n e, devint le rendez-vous des tentatives hardies, qui
réclamèrent elles aussi, le droit de se dire continuatrices des traditions, en organisant, comme preuves à l'appui, des expositions de
Manet, de Delacroix, de Corot, d'Ingres, du Greco, — et aussi de
Cézanne et de Toulouse-Lautrec.

La Société Nationale des Beaux-Arts mit particulièrement en vue
MM. Duez, Carolus Duran, Jacques Blanche, Roll, Billotte, Jean
Béraud, Dagnan-Bouveret, et valut la notoriété à un groupe de
jeunes peintres qui, réagissant contre les tonalités de l'impressionnisme,
s'adonnèrent à une manière très sensiblement assombrie: MM. Cottet,
Lucien Simon, Dauchez, Ménard, etc... Des artistes d'une originalité
et d'une importance considérables qu'il n'est pas encore l'heure d'é-
tudier ici avec détail ont dès maintenant conquis des situations que
l'on peut prévoir équivalentes à celle de certains de leurs grands aînés:
par exemple Eugène Carrière, puis MM. Besnard, Raffäelli, etc. Encore
une fois, l'arbitraire de ces classifications et l'intérêt qui s'attache à
des artistes. que nous sommes forcés d'omettre pour ne point finir sous
une avalanche de noms, nous prouve, comme nous le disions au début
que le XIX-e siècle est moins terminé qu'il ne semble.

D'autre part, en regard des artistes de notre Sécession, nous ne
devons pas oublier, pour n'être pas trop incomplets, et pour ne pas
être taxés de partialité, les noms les plus éminents de la Société
des Artistes Français, entre autres Bonnat, Jean-Paul Laurens,
Edouard Detaille, Harpignies, Hébert enfin mort depuis peu d'années.

Mais pour être tout à fait en règle avec notre désir d'indiquer
toutes les principales dominantes, nous ne pouvons non plus passer
sous silence les représentants de l'art correspondant à l'O u k i-y o- yé
japonais; et qui sont principalement J. L. Forain, Willette, Steinlen, Jean Veber, et Henri de Toulouse-Lautrec.

On peut, enfin cosidérer comme les derniers artistes nouveaux
qu'ait vus débuter le XIX-e siècle en ses toutes derniéres années ceux
que M. Maurice Denis a groupés dans son significatis tableau de
l'H o m m a g e à C é z a n n e, c'est-à-dire MM. Edouard Vuillard, Bonnard, Roussel, Séruzier, et l'auteur lui-même de cette peinture. Le
choix même du maître que ces jeunes peintres jugeaient comme le

plus propre à rallier et à orienter leurs communes ardeurs équivalait à un manifeste. Ce qui, par ses différences même d'avec tout ce qui a défilé devant nos yeux, est destiné à devenir le chapitre initial de la future exposition centennale, sort par définition, du domaine d'appréciation que nous nous commes assigné. Tout ce qu'on peut nous permettre de formuler, c'est une espérance en l'avenir, après un siècle passé en si belles vaillances, en si fécondes aspirations, en oeuvres si complètement consacrées par l'admiration du monde éclairé, qu'un grand pays comme la Russie a jugé que ce spectacle d'ensemble pouvait lui apporter des enseignements importants et de rares joies.

J'ai essayé de déterminer les sommets et d'expliquer leur enchainement. C'est maintenant aux oeuvres et aux grands exemples de fructifier.

Arsène Alexandre.

КАТАЛОГЪ

КАРТИНЪ, РИСУНКОВЪ И СКУЛЬПТУРЫ [1].

АЛИНЬИ (Corneille d'Aligny, 1798 — 1871).

1 Скалы въ лѣсахъ Фонтенебло (рисунокъ) — Rochers dans la forêt. de Fontainebleau (dessin).

Соб. Beurdeley въ Парижѣ.

АМАНЪ ЖАНЪ (Aman Jean).

2 Женщина — Femme à la vielle.
3 Женщина — Femme au tambour.

Соб. Musée des Arts Decoratifs въ Парижѣ.

БАГЕТТИ (Baghetti).

4 Баталія — Bataille d'Aboukir.

Соб. Musée de Versailles.

АНДРЭ (Albert André).

5 Цвѣты — Massif de fleurs.
6 Артишоки — Artichauts.

Соб. Durand-Ruel въ Парижѣ.

БАЗИЛЬ, (Frédéric Bazile 1841 — 1870).

7 Негритянка съ піонами — Négresse et pivoines.
8 Туалетъ — La Toilette.

Соб. Marc Bazille въ Парижѣ.

---

[1] Картины, при коихъ не указанъ способъ исполненія, написаны масляными красками.

38

БАРИ (Antoine Louis Bary э 1795 — 1875).

9 Тигръ, пожирающій крокодила (бронза) — Tigre, dévorant un gavial (bronze).

10 Львенокъ съ поднятой лапой (бронза) — Petit lion à la patte levée (bronze).

11 Левъ, пожирающій газель (бронза) — Lion, dévorant une gazelle (bronze).

12 Ягуаръ, пожирающій зайца (бронза) — Jaguar dévorant un lièvre (bronze).

13 Сенегальскій слонъ (бронза) — Eléphant du Sénégal (bronze).

14 Идущій тигръ (бронза) — Tigre marchant (bronze).

15 Маленькая турецкая лошадь — Petit cheval turc (bronze).

16 Идущій левъ (бронза) — Lion marchant (bronze).

Соб. René Charlier въ Парижѣ.

17 Тигрица, отдыхающая въ пустынѣ — Tigresse, couchée dans le désert.

Соб. Beurdeley въ Парижѣ.

БАРОНЪ (Henri Baron).

17a Въ саду — Scène dans un jardin.

Соб. г. Сидорова (Sidorov) въ Спб.

БАРТОЛОМЕ (Bartholomé).

18 Фрагментъ памятника Мертвымъ (гипсъ) — Fragment du monument aux Morts (plâtre).

Соб. Bartholomé въ Парижѣ.

БАСТІЕНЪ-ЛЕПАЖЪ (Bastien Lepage 1848 — 1884).

19 Автопортретъ — Portrait de l'artiste.

БОАЛО (Boileau).

20 Портретъ г. Бенуа — Portrait de M. Benois.

21 Портретъ г-жи Бенуа — Portrait de M-me Benois.

Соб. Альберта Н. Бенуа (Benois) въ Спб.

БЕЛЬТРАНЪ (Jacques Beltrand).

22 Архангелъ Михаилъ — L'archange Michel.

23 Дарохранительница — Boîte de baptême.

24 Рѣка за большими деревьями — Rivière derrière de grands arbres.
Соб. Jacques Beltrand въ Парижѣ.

БЕНАРЪ (Paul - Albert Besnard).

25 **Интимная феерія** — Féerie intime.

Соб. Joseph Reinach въ Парижѣ.

26 **Семейный портретъ.**

Соб. Besnard въ Парижѣ.

БЕРАНЖЕ (Antoine Beranger 1795 — 1867).

26a **Спящая дѣвушка** — Jeune fille endormie.
Соб. Екатерины Матвѣевпы Родоканаки (Rodocanachi) въ Спб.

БЕРНАРЪ (Joseph Bernard).

27 **Танецъ (бронза)** — La danse des Roses (bronze).

Соб. Hébrard въ Парижѣ.

БЛАНШЪ (Blanche).

28 Nature morte.

29 Nature morte.

30 **Портретъ г. Гарве** — Portrais de Thomas Harvey.

Соб. Blanche въ Парижѣ.

БОДРИ (Paul Baudry 1828 — 1886).

31 **Портретъ г-жи Берпстенъ** — Portrait de M-me Bernstein.

Соб. M-me Bernstein въ Парижѣ.

БОНВЭНЪ (François Saint Bonvin 1817 — 1887).

32 **Супъ** — La soupe.

33 **Видъ около Амстердама (рисунокъ)** — Vue près d'Amsterdam (dessin).

34 **Темза въ Гравесендѣ (рисунокъ)** — La Tamise à Gravesend (dessin).

35 **«За прялкой» (рисунокъ)** — La fileuse (dessin).

Соб. Beurdeley въ Парижѣ.

36 **Фонтанъ** — La fontaine.
Соб. Musée du Luxembourg въ Парижѣ.

БОННА (Léon Bonnat).

37 **Портретъ Г-жи Кёклен - Швартцъ** — Portrait de M-me Koechlin - Schwartz.

Соб. M-me Koechlin въ Парижѣ.

БОННАРЪ (Pierre Bonnard).

38 Вечеръ — Soirée sous la lampe.

39 Чтеніе въ саду — La lecture au jardin.

40 Вечеръ въ деревнѣ — Soirée de campagne.

Соб. Bernheim - Jeune въ Парижѣ.

41 Портретъ г. А. Воларъ — Portrait de M-r Vollard.

Соб. Vollard въ Парижѣ.

42 Видъ Сены — Vue de la Seine.

43 Открытая дверь — La porte ouverte.

Соб. г. Haasen въ Спб.

БОНИНГТОНЪ (Eugène Bonington 1801 — 1828).

44 Видъ стараго Руана — Une vue du vieux Rouen.

45 Маленькіе рыболовы — Etude de deux petits pêcheurs.

46 Свиданіе Людовика XIV и Карла II въ Saint - Germain — Entrevue de Louis XIV et de Charles II d'Angleterre sur la terrasse de St. Germain.

Соб. Beurdeley въ Парижѣ.

БРАКЕМОНЪ (Marie Bracquemond).

47 На террасѣ — Sur la terrasse.

Соб. Bracquemont въ Парижѣ.

БРАСКАССА (Jacques Raymond Brascassat 1804 — 1867).

48 Быки — Taureaux.

Соб. Ивана Николаевича Герарда (Guerard) въ Спб.

БРЕЗДЕНЪ (Rodolphe Bresdin 1825 — 1848).

49 Поклоненіе волхвовъ (рисунокъ) — Adoration des rois mages (dessin).

50 Гавань — Le port.

51 Поклоненіе пастуховъ — L'adoration des bergers.

Соб. Beurdeley въ Парижѣ.

БУАЛЬИ (Louis Léopold Boilly 1761 — 1845).

52 Гримасы — Любители кофе — Grimaces — Les amateurs de café.

53 Гримасы — Любители устрицъ — Grimaces — Les amateurs d'huitres.

БУАЛЬИ (Louis Léopold Boilly 1761 — 1845).

54 Отправленіе дилижансовъ (рисунокъ) — Le départ des coucous (dessin).

Соб. Beurdeley въ Парижѣ.

55 Письмо — La lettre.

56 Колдунъ — Le sorcier.

57 Мастерская художницы — L'atelier de l'artiste.

58 Билліардъ — Le billard.

Соб. кн. Ф. Ф. Юсупова (prince Youssoupoff) въ Спб.

БУГЕРО (Bouguereau).

59 Портретъ г-жи Бетмонъ — Portrait de M-me Betemon.

Соб. Pierre Bracquemont въ Парижѣ.

БУДЭНЪ (Louis Eugène Boudin 1825 — 1898).

60 Видъ окрестности Ротердама — Vue des environs de Rotterdam.

61 Выходъ изъ Гаврской гавани — La sortie du port du Hâvre.

62 Возвращеніе лодокъ — Retour des barques.

Соб. Durand - Ruel въ Парижѣ.

63 Церковь (акварель) — L'église de Plougastel (aquarelle).

Соб. Beurdeley въ Парижѣ.

64 Улица въ Ландерно (акварель) — Une rue à Landerneau (aquarelle).

65 Часъ отлива (акварель) — L'heure de la plage (aquarelle).

БУРДЕЛЬ (Emile Bourdelle).

66 Гераклъ и оленья самка (бронза) — Héraclès et la biche aux pieds d'airain (bronze).

67 Венера (гипсъ) — Vénus (plâtre)

68 Бюстъ Энгра (бронза) — Buste d'Ingres (bronze).

Соб. Bourdelle въ Парижѣ.

БУТЭ ДЕ МОНВЕЛЬ (Bernard Boutet de Monvel).

69 Этюдъ къ портрету графа де Б*** — Etude pour le portrait du Comte de B***.

Соб. Boutet de Monvel въ Парижѣ.

БУШАРЪ (Henri Bouchard).

70 Работникъ (бронза) — Le Piocheur (bronze).

Соб. Henri Bouchard въ Парижѣ.

42

ВАЛЛОТОНЪ (Felix Valloton).

71 Красная комната — Intérieur rouge.

72 «Въ комнатахъ» — Intérieur.

Соб. Haasen въ Спб.

73 Купальщицы — Les Baigneuses.

Соб. Vollard въ Парижѣ.

74 Настурцiи и сливы — Capucines et prunes.

75 Стаканъ воды и сливы — Verre d'eau et prunes.

76 Цвѣты — Fleurs.

Соб. Druet въ Парижѣ.

ВАЛЬТА (Valtat).

77 Лунный свѣтъ — Clair de Lune.

ВЕРНЭ (F. M. Vernay 1827 — 1896).

78 Яблоки — Pommes.

Соб. Paul Rosenberg въ Парижѣ.

ВЕНСЕЛЭ (Victor Vincelet) **Живописецъ 1-ой половины XIX в.**

79 Bourriche de fleurs — Корзинка цвѣтовъ.

Соб. Beurdeley въ Парижѣ.

ВЕРНЭ (Charles Vernet 1758 — 1836).

80 Имп. Марiя Луиза на охотѣ — L'Impératrice Marie-Louise partant
pour la chasse.

Соб. Е. И. В. Великаго Князя Николая Михаиловича
(S. A. I. le Grand Duc Nicolas Mikhaïlovitch).

ВИНЬОНЪ (Vignon).

81 Пейзажъ — Paysage.

Соб. Viau въ Парижѣ.

ВОЛЛОНЪ (Antoine Vollon 1833 — 1900).

82 Nature morte.

Соб. Екатерины Матвѣевны Родоканаки — (Rodocanachi) въ Спб.

82a Портрезъ г-жи Дезаже — Portrait M-me Desagée.

Соб. Сергѣя Александровича Голяшкина (Ghaliachkine) въ Спб.

83 Цвѣты — Fleurs.

Соб. Николая Дмитрiевича Романова (Romanoff) въ Спб.

43

ВЮИЛЬАРЪ (Edouard Vuillard).

84 Швея — La Couseuse.

Соб. Haasen въ Спб.

85 Морской пейзажъ — Marine.

86 Голубая комната — La Chambre bleue.

Соб. Bernheim Jeune въ Парижѣ.

87 Осенній пейзажъ — Paysage d'automne.
Соб. Виктора Викторовича Голубева (Goloubev) въ Парижѣ.

ГАВАРНИ (Sulpice Paul Chevalier dit Gavarni 1801 — 1876).

88 Индіанка (акварель) — L'Indienne (aquarelle).
Соб. Виктора Викторовича Голубева (Goloubev) въ Парижѣ.

89 Балетъ — Ballet.

90 Карикатура — Caricature.

91 Карикатура — Je ne veux pas qu'on se fiche de moi.

92 Карикатура — Le roi des drôles.

93 Карикатура — Se ficherait-on de moi?
Соб. Beurdeley въ Парижѣ.

ГАЛЬТІЭ (M-me Galtier-Boissière).

94 Красныя розы — Les roses rouges.
Соб. Galtier-Boissière въ Парижѣ.

ГАЛЬЯРЪ (Gaillard).

95 Св. Себастіанъ — Saint-Sébastien.
Соб. Beurdeley въ Парижѣ.

ГАРДЭ (Gardet).

96 Пантера, пожирающая ягненка — Panthère dévorant un agneau.
Соб. Gardet въ Парижѣ.

ГЕЙМЪ (François Joseph Heim 1787 — 1865).

97 Его Высочество Герцогъ Немуръ — Son Altesse Royale le Duc
de Nemours.
Соб. Beurdeley въ Парижѣ.

44

ГЕРЕНЪ (Baron Pierre Narcisse Guérin 1774 — 1833).

98 Старикъ съ Амуромъ — L'Amour et le vieillard.
Соб. герцога Николая Николаевича Лейхтенбергскаго
(Duc N. de Leuchtenberg) въ Спб.

99 Портретъ принца Мюрата (масло) — Portrait du prince Murat.
Соб. Е. И. В. Вел. Князя Николая Михаиловича (S. A. I. le
Grand Duc Nicolas Muchaïlovitch) въ Спб.

100 Эней у Дидоны — Enée chez Didon.
Соб. кн. Ф. Ф. Юсупова (prince Youssoupoff) въ Спб.

ГЕРЕНЪ (Charles Guérin).

101 Nature morte.

102 Лѣтняя прогулка — Promenade d'Eté.
Соб. Druet въ Парижѣ.

ГЕССЪ (Auguste Hesse 1795 † послѣ 1863).

103 Портретъ женщины — Portrait de femme.
Соб. Beurdeley въ Парижѣ.

ГИГУ (Paul Guigou 1834 — 1871).
104 Прачка — La Blanchisseuse.
Соб. Rosenberg въ Парижѣ.

105 Тигръ идущій — Tigre marchant.
Соб. Masson въ Парижѣ.

ГИЛЬОМЕНЪ (Armand Guillaumin).
106 Апрѣль — Premiers jours d'avril.
Соб. Guillaumin въ Парижѣ.

107 Nature morte.
Соб. Guillaumin въ Парижѣ.

108 Читающая — La Liseuse.
Соб. Duret въ Парижѣ.

ГИЛЬОМЪ (Guillaume)
109 Бюстъ Энгра — Buste d'Ingres (plâtre).
Соб. Lenuel въ Парижѣ.

ГОГЕНЪ (Paul Gauguin 1848 — 1903).

110 Маленькіе борцы — Petits lutteurs.

111 Домъ въ Бретани — Maison en Bretagne.

112 Пейзажъ въ Бретани — Paysage en Bretagne.

113 Человѣкъ въ красномъ — L'homme au manteau rouge.

114 Семейство — La Famille.

115 Прогулка по берегу моря — Promenade au bord de la mer.

116 Мать и дочь — La mère et la fille.

117 Сцена въ Таити — Scène de Tahiti.

118 Сцена въ Таити — Scène de Tahiti.

119 Хлѣба — Les blés.

120 Букетъ цвѣтовъ на красномъ фонѣ — Bouquet de fleurs sur fond rouge.

121 Букетъ цвѣтовъ на желтомъ фонѣ — Bouquet de fleurs sur fond jaune.

Соб. Vollard въ Парижѣ.

122 Nature morte.

Соб. Druet, въ Парижѣ.

123 Nature morte.

124 Nature morte.

125 Черныя свиньи — Cochons noirs.

Соб. Виктора Викторовича Голубева — (Goloubev) въ Парижѣ.

126 Фрукты — Fruits de Tahiti.

Соб. Alphonse Kann въ Парижѣ.

127 Молодая бретонка. — Jeune fille bretonne.

128 Венеція — Venise.

Соб. Vollard въ Парижѣ.

129 Пейзажъ — Paysage.

130 Рисунокъ — Dessin.

131 Рисунокъ — Dessin.

Соб. Druet въ Парижѣ.

ГРЕВЕДОНЪ (Grevedon).

132 Молодая женщина — Il est joli homme mon cousin.

Соб. Beurdeley въ Парижѣ.

46

ГРЕЗЪ (Greuze, Jean Baptiste, 1725 — 1805).

133 Портретъ Перваго Консула. — Portrait du Premier Consul.

Соб. Musée de Versailles.

ГРО, бар. (Jean Gros, baron). (1771 — 1835).

134 Портретъ королевы Маріи, матери Луи Филиппа — Portrait de la reine Marie, mère de Louis Philippe

Соб. Comte Allard du Chollet въ Парижѣ.

135 Портретъ женщины въ большомъ чепцѣ (рисунокъ) — Portrait de femme coiffée d'un grand bonnet (dessin).

Соб. Beurdeley въ Парижѣ.

ГЮИСЪ (Constantin Guys) (1805—1902).

136 Коляска (рисунокъ) — Calèche à la Daumont (dessin).

137 Прогулка въ Елисейскихъ поляхъ — Promenade aux Champs Elysées.

Соб. René Charlier въ Парижѣ.

138 Ложа (рисунокъ) — La loge (dessin).

Соб. Aubry въ Парижѣ.

139 Рисунокъ — Dessin.

140 Рисунокъ — Dessin.

141 Рисунокъ — Dessin.

Соб. Druet. въ Парижѣ.

142 Улица въ Балаклавѣ (рисунокъ) — Une rue de Balaklava (dessin).

143 Константинополь (рисунокъ) — Constantinople (dessin).

Соб. Виктора Викторовича Голубева (Goloubev) въ Парижѣ.

144 Двѣ лоретки (рисунокъ) — Deux demi-mondaines (dessin).

145 Въ Булонскомъ лѣсу (рисунокъ) — Au bois de Boulogne (dessin).

146 Львица (рисунокъ) — Une Lionne de face (dessin).

147 Женщина въ капюшонѣ (рисунокъ) — La Femme au Capuchon (dessin).

148 Кринолинъ (рисунокъ) — Effet de Crinoline (dessin).

Соб. Beurdeley въ Парижѣ.

ГЮЭ (Paul Huet) (1803 — 1869).

149 Монте Калво (акварель) — Le Monte Calvo à Nice (aquarelle).

150 Крестьянинъ (рисунокъ) — Paysan assis (dessin).

ГЮЭ (Paul Huet) (1803 — 1869).

151 Пейзажъ — Le désert à Reuzeval.

152 Пиренеи — Les Pyrénées.

153 Долина Клермонъ-Феранъ — La vallée de Clermont-Ferrand.
Vue prise de Royat.

154 Водопадъ въ Тиволи (акварель) — La cascade de Tivoli (aquarelle).

155 Болота — Les Marais.

156 Паркъ — Le Parc d'Andilly.

157 Букетъ — Bouquet de fleurs.

158 Букетъ — Bouquet de fleurs.

Соб. René Huet въ Парижѣ.

159 Дорога — Route de la Corniche près Villefranche.

160 Водопадъ — Torrent de la corniche.

Соб. Beurdeley въ Парижѣ.

ДАВИДЪ (Louis David) (1748 — 1825).

161 Портретъ г-жи N.*. и ея сына — Portrait de M-me N.*. et de
son fils.

Соб. Comte Allard du Chollet въ Парижѣ.

162 Портретъ дѣвушки съ мандолиной — Portrait de jeune fille à la
mandoline.

Соб. M. de Lagotellerie въ Парижѣ.

163 Смерть Патрокла (Эскизъ) — Esquisse (Mort de Patrocle)..

Соб. Pearson, въ Парижѣ.

164 Портретъ бар. Герена — Portrait du Baron Guérin.

Соб. S. Peytel въ Парижѣ.

166 Похищеніе сабинянокъ — L'enlèvement des Sabines.

167 Автопортретъ — Portrait de l'artiste.

168 Коронованіе Наполеона I — Etude pour le sacre de Napoléon I.

Соб. Beurdeley, въ Парижѣ.

169 Женщина съ муфтой — La Femme au Manchon.

Соб. Beurdeley въ Парижѣ.
Соб. Ник. Дмитр. Романова (Romanoff) въ Спб.

ДАЛУ (Dalou 1838 — 1902).

171 Размышленіе (бронза) — Méditation (bronze).

172 Вышивальщица — La Brodeuse.

173 Этюдъ памятника Націи — Etude pour le Monument de la Place de la Nation.

Соб. Hébrard въ Парижѣ.

ДАМТЪ (Dampt).

174 Дитя играетъ яблокомъ (гипсъ) — Enfant jouant avec une pomme (plâtre).

Соб. Dampt въ Парижѣ.

ДЕБУТИНЪ (Desboutin).

175 Автопортретъ — Portrait de l'artiste.

Соб. Beurdeley въ Парижѣ.

ДЕГА (Edgar Degas).

176 Портретъ женщины у зеркала — Femme au miroir.

177 Гладильщица — La Repasseuse.

Соб. Jacques Doucet въ Парижѣ.

178 Нагое тѣло (рисунокъ) — Nu (dessin).

179 Танцовщицы — Danseuses.

Соб. Barbazanges въ Парижѣ.

ДЕБЮКУРЪ (Louis Debucourt 1755 — 1832).

180 Ярмарка — La foire.

Соб. кн. **Ф. Ф. Юсупова** (prince Youssoupoff) въ Спб.

180a Маскарадъ — Un bal masqué.

180b Ужинъ — Le souper.

Соб. **Павла Викторовича Деларова** (Delarow) въ Спб.

ДЕКАНЪ (Alexandre Gabriel Decamps 1803 — 1860).

181 Рисунокъ — Dessin.

Соб. **Степана Петровича Яремича** (Yaremitch) въ Спб.

182 Всадникъ (рисунокъ).

Соб. **Александра Николаевича Бенуа** (Benois) въ Спб.

183 Акварель — Aquarelle.

Соб. **Константина Андреевича Сомова** (Somov) въ Спб.

ДЕКАНЪ (Alexandre Gabriel Decamps 1803 — 1860).
184 Арабы — Arabes.

Соб. Василія Андреевича Верещагина (Verestchaguine) въ Спб.
185 Работница тюфяковъ — Matelassière.
186 Отдыхъ пастуховъ — Le repos des bergers.

Соб. Beurdeley въ Парижѣ.

186а Кошка съ обезьяной — Chat et singe.

Соб. Екатерины Матвѣевны Родоканаки (Rodocanachi) въ Спб.

ДЕЛАКРУА (Victor Eugène Delacroix 1799 — 1863).
187 Тигръ и змѣя — Tigre et serpent.

Соб. Th. Behrens въ Гамбургѣ.
188 Св. Себастіанъ — St. Sébastien.

Соб. Alphonse Kann въ Парижѣ.
189 Морской пейзажъ — Marine.

Соб. M-me Chaîne въ Парижѣ.
190 Эскизъ Траянова правосудія — Esquisse de la Justice de Trajan.

Соб. Max Leclerc въ Парижѣ.
191 Этюдъ — Etude de costume souliote.

192 Кромвель, открывающій гробъ Карла I — Cromwell découvrant 1
cercueil de Charles I (акварель).

Соб. M. René-Paul Huet въ Парижѣ.
193 Марокансцъ — Marocain.

Соб. Théodore Duret въ Парижѣ.
194 Битва при Тайебурѣ — Bataille de Taillebourg.

Соб. Paul Gallimard въ Парижѣ.
194а Варіантъ предыдущей картины — Variante du tableau précedant.

Соб. baron Vitta въ Парижѣ.
195 Портретъ ребенка — Portrait d'enfant.

Соб. Andre Delaroche-Vernet въ Парижѣ.
196 Ромео и Джульета — Roméo et Juliette.

Соб. Aubry въ Парижѣ.

197 Видъ на море съ высотъ Діеппа — La Mer vue des hauteurs de
Dieppe.

198 Герцогъ Бурбонскій, показывающій свою любовницу герцогу
Орлеанскому — Le Duc de Bourgogne montrant sa maîtresse au duc
d'Orléans.

ДЕЛАКРУА (Victor Eugène Delacroix 1799 — 1863).

199 Римскій пастухъ — Le pâtre romain.

200 Сена около Руана — La Seine près de Rouen.

201 Орфей у грековъ. — Orphée vient enseigner aux Grecs les arts de la paix.

202 Подстерегающая львица — Lionne guettant.

203 Борьба Іакова съ ангеломъ — Lutte de Jacob et de l'ange (dessin).

Соб. Beurdeley въ Парижѣ.

204 Левъ (рисунокъ) — Lion (dessin).

Соб. Александра Николаевича Бенуа (Alexandre Benois) въ Спб.

205 Nature morte.

Соб. Viau въ Парижѣ.

ДЕ МАРНЪ (de Marne, 1744 — 1829).

206 Крестьяне — Villageois.

Соб. кн. Ф. Ф. Юсупова (prince Youssoupoff) въ Спб.

207 Ярмарка — La foire.

Соб. Большого Царскосельскаго Дворца. (Palais de Tsarskoé Sélo).

ДЕНИ (Maurice Denis).

208 Фіолетовая комната — La chambre violette.

209 Закуска — Le goûter.

210 Бесѣдка — La Tonnelle.

211 Материнство — Maternité.

Соб. Druet въ Парижѣ.

212 Св. Георгій — Saint Georges.

Соб. Виктора Викторовича Голубева (Goloubev) въ Парижѣ.

ДЕОДЕНКЪ (Alfred Dehodencq 1822 — 1822).

213 Этюдъ цыгана — Etude de Bohémien.

214 Цыганка — La Bohémienne.

215 Мароккскій разсказчикъ — Le Conteur Marocain.

216 Казнь еврейки — L'Exécution de la Juive.

Соб. Séailles въ Парижѣ.

217 Этюдъ — Etude de nu.

Соб. Richtenberger въ Парижѣ.

ДЕРЕНЪ (André Derain.)

218 Nature morte.

219 Мельница — Le moulin.

Соб. Kahnweiler въ Парижѣ.

ДЖОНКИНДЪ (Jean Jongkind 1819 — 1891).

220 Желѣзная дорога — Pont de Chemin de Fer.

Соб. Beurdeley въ Парижѣ.

ДІАЗЪ ДЕ ЛА ПЕНЬЯ (Diaz de la Pêna 1807 — 1876).

221 Портретъ женщины — Portrait de femme.

Соб. Peytel въ Парижѣ.

222 Пейзажъ — Paysage avec figures.

Соб. Pearson въ Парижѣ.

223 Пейзажъ — Paysage.

Соб. Василія Андреевича Верещагина (Werestchaguine) въ Спб.

224 Прачки на берегу моря — Laveuses au bord de la mer.

Соб. May въ Парижѣ.

225 Лѣсъ — Une forêt.

Соб. Екатерины Матвѣевны Родоканаки (Rodocanachi) въ Спб.

226 Лѣсъ въ Фонтенбло — Forêt de Fontainebleau.

Соб. Paul Gallimard въ Парижѣ.

227 Этюдъ головы къ картинѣ «Послѣднія слезы» — Etude d'une tête
pour «Les dernières larmes».

228 Завтракъ послѣ купанья — La collation après le bain.

229 Передъ грозой — Paysage avant l'orage.

Соб. M-r Beurdeley въ Парижѣ.

ДОБИНЬИ (Charles François Daubigny 1817 — 1878).

230 Сумерки — Crépuscule.

Соб. Comte Allard du Chollet въ Парижѣ.

231 Пейзажъ — Paysage.

Соб. Pearson въ Парижѣ.

232 Берегъ рѣки — Bords de L'Oise.

233 Темза въ Лондонѣ — La Tamise à Londres.

234 Озеро — Le lac.

ДОБИНЬИ (Charles François Daubigny 1817 — 1878).

235 Прудъ — L'étang.

236 Мостъ — Le pont.

Соб. Beurdeley въ Парижѣ.

ДОМІЕ (Honoré Daumier 1808 — 1879).

237 Любитель эстамповъ — L'amateur d'estampes.

Соб. Jacques Doucet въ Парижѣ.

238 Пиршество Боговъ — Le Festin des Dieux.

Соб. Ackermann въ Парижѣ.

238а У зубного врача — Le dentiste.

Соб. Сергѣя Александровича Галяшкина (Ghaliachkine) въ Спб.

239 Ratapoil (бронза) — (bronze).

Соб. Musée du Luxembourg въ Парижѣ.

240 Адвокатъ — L'avocat.

Соб. Paul Gallimard въ Парижѣ.

241 Портретъ — Portrait du graveur Lavoignat.

Соб. Viau въ Парижѣ.

242 Адвокатъ — L'avocat.

Соб. Aubry въ Парижѣ.

243 Гитаристъ — Le Guitariste.

Соб. Vollard въ Парижѣ.

244 Любители эстамповъ — Les amateurs d'estampes.

Соб. S. Peytel въ Парижѣ.

245 Донъ Кихотъ — Don Quichote.

Соб. Th. Behrens въ Гамбургѣ.

246 Рисунокъ — Dessin.

Соб. Виктора Викторовича Голубева (Goloubew) въ Парижѣ.

247 Обнаженныя женщины (рисунокъ) — Femmes nues (dessin).

Соб. Vollard въ Парижѣ.

ДРЁ (Alfred de Dreux 1808 — 1850).

248 Артаньанъ — D'Artagnan.

Соб. Comte Allard du Chollet въ Парижѣ.

249 Прогулка — La promenade.

Соб. Beurdeley въ Парижѣ.

ДРОЛЛИНГЪ (Drolling).

250 Intérieur.

Соб. Виктора Викторовича Голубева (Gouloubev) въ Парижѣ.

ДЮБЮФЪ (Louis Edouard Dubufe 1820 — 1883).

251 Графиня Наталья Павловна Панина, рожденная графиня Ти-
зенгаузенъ. — Portrait de la comtesse Panine.

Соб. графини Софьи Владимировны Паниной (C-sse Panine) въ
Мареинѣ, Москов. губ.

251a. Intérieur.

Соб. Павла Викторовича Деларова (Delarov) въ Спб.

ДЮПРЕ (Jules Duprez 1812 — 1889).

252 Дорога въ долинѣ (рисунокъ). — La route dans la plaine (dessin).

253 Пейзажъ въ Берри (рисунокъ). — Paysage dans le Berry (dessin).

Соб. Beurdeley, въ Парижѣ.

254 Спящій человѣкъ — L'homme endormi.

Соб. Monot въ Парижѣ.

ДЮФЕ (Jacques Edouard Dufeu 1840 — 1900).

255 Венеція — Venise.

Соб. Paul Rosenberg, въ Парижѣ.

256 Видъ Парижа — Le Moulin de la Galette en hiver.

Соб. Lombard въ Парижѣ.

ДЮФРЕНУА (Georges Dufrenoy).

257 Итальянскія вазы — Nature morte, vases Italiens.

Соб. Druet въ Парижѣ.

ЖАКЪ (Charles Jacque 1813 — 1894).

258 Стадо подъ большими деревьями — Un troupeau sous de grands
arbres.

259 Лошади и свиньи — Chevaux et porcs dans un enclos.

Соб. Beurdeley въ Парижѣ.

ЖЕРАРЪ (Margueritte Gerard).

260 Овцы — Brebis.

Соб. Екатерины Матвѣевны Родоканаки (Rodocanachi) въ Спб.

261 Дѣти учатся ходить — La leçon.

Соб. кн. Ф. Ф. Юсупова (prince Youssoupoff) въ Спб.

262 Двѣ женщины — Deux femmes.

Соб. Царскосельскаго дворца (palais de Tsarskoé Sélo).

ЖЕРАРЪ, бар. (Baron Gérard) (1770 — 1837).

263 **Наполеонъ I** (1804) — Portrait de Napoléon I (1804).
Соб. Е. И. В. Вел. Кн. Николая Михаиловича (S. A. I. le Grand
Duc Nicolas Mikhaïlovitch) **въ Спб.**

264 **Велизарій** (1795) — Bélisaire.
Соб. герцога Николая Николаевича Лейхтенбергскаго (Le Duc
N. de Leuchtenberg) **въ Спб.**

265 **Флора** — Flore.
Соб. Musée de Grenoble.

266 **Портретъ актрисы г-жи Жоржъ** (рис. цвѣтными карандашами) —
Portrait de M-lle Georges (dessin).
Соб. Модеста Ильича Чайковскаго (Tchaïkovsky) **въ Клинѣ близъ
Москвы.**

267 **Портретъ матери Наполеона I** — Portrait de Madame Mère.
Соб. Musée de Versailles.

268 **Портретъ живописца Плюшара** (рисунокъ) — Portrait du peintre
Pluchart. (dessin)
Соб. гр. Дмитрія Ивановича Толстого (comte D. Tolstoï) **въ Спб.**

269 **Схватка** — Le combat.
Соб. Beurdeley **въ Парижѣ.**

ЖЕРИКО (Jean Louis André Géricault, 1795 — 1824).

270 **Повозка раненыхъ** — Charrette de blessés.
Соб. Thiebault-Sisson **въ Парижѣ.**

271 **Гладіаторъ** — Le gladiateur.

272 **Карабинеръ** — Un Carabinier.

273 **Негръ** — Le nègre.

274 **Видъ Парижа** — Vue du Moulin de la Galette.
Соб. Ackermann **въ Парижѣ.**

275 **Этюдъ** — Etude.
Соб. Дмитрія Ивановича Ознобишина (Oznobichine) **въ Парижѣ.**

276 **Мамелюкъ, держащій копье** — Un mameluck tenant une lance.
Соб. Beurdeley **въ Парижѣ.**

ЖИРОДЭ (Anne Loui Girodet-Trioson 1767 — 1824).

277 **Г-жа Марсъ** — Portrait de Mademoiselle Mars.
Соб. Mau **въ Парижѣ.**

ЖОНКИНДЪ (Jongkind).

278 Улица Марселя. -- La Cannebière, Marseille.

Соб. Durand Ruel въ Парижѣ.

ЖАНРОНЪ (Jeanron).

279 Портретъ — Portrait de F. Buonarotti.

Соб. Viau въ Парижѣ.

ЖУВЪ (Jouve).

280 Ягуаръ — Jaguar.

Соб. Виктора Викторовича Голубева (Goloubew) въ Парижѣ.

280a Тигръ (рисунокъ) — Tigre (dessin).

Collection Goloubev.

280b Черная пантера (рисунокъ) — Pantherè noire (dessin).

Collection F. Monod.

ЖУРДЕНЪ (Francis Jourdan).

281 Nature morte.

282 Nature morte.

Соб. Druet въ Парижѣ.

ЗІЕМЪ, Феликсъ (Félix Ziem 1821 — 1911).

283 Видъ Венеціи. — Vue de Venise.

Соб. св. князя Михаила Константиновича Горчакова (S. A. S. le prince M. Gortchakov) въ Спб.

284 Входъ въ старый портъ Марселя — L'entrée du vieux port de Marseille.

285 Видъ Венеціи — Vue de Venise.

286 Тропинка въ лѣсу — Un sentier dans la forêt.

287 Видъ Рима — Le Ponte Rotto à Rome.

Соб. Beurdeley въ Парижѣ.

ИЗАБЭ (Jean Baptiste Isabey 1767 — 1855).

288 Починка — Le Radoubage.

Соб. Paul Rosenberg въ Парижѣ.

289 Игра — Le Jeu au Palais Royal.

ИЗАБЭ (Jean Bebtizte Isabey 1767 — 1855).

290 Каррикатура. Le bon genre № 50.

291 Каррикатура. Le chapeau en ballon. Le bon genre № 51.

292 Каррикатура. Manches en spirale. Le bon genre № 56.

293 Каррикатура. Chapeau en vol-au-vent. Le bon genre № 58.

Соб. Beurdeley въ Парижѣ.

ИЗАБЭ (Eugène Isabey 1804 — 1886).

294 Марина — Marine.

Соб. Ивана Николаевича Герарда (Guerard) въ Спб.

294a Нескромность пажа — L'indiscretion d'un page.

Соб. Екатерины Матвѣевны Родоканаки (Rodocanachi) въ Спб.

295 Портретъ женщины — Portrait de femme.

296 Гавань — Un port.

297 Морской видъ — Marine.

298 Рыбачья барка и лодка у утеса — Barque de pêche et canot au bas d'une falaise.

Соб. Beurdeley въ Парижѣ.

КАЗЕНЪ (Charles Cazin 1841 — 1901).

299 Пейзажъ — Paysage.

Соб. May въ Парижѣ.

300 Домà (рисунокъ) — Maisons (dessin).

301 Тѣнистая дорога (рисунокъ) — La route ombragée (dessin).

Соб. Comte Allard du Chollet въ Парижѣ.

КАЛЬСЪ (Adolphe Cals 1810 — 1880).

302 Окно — La fenêtre.

Соб. Peytel въ Парижѣ.

303 Рыбакъ — Un pêcheur.

304 Nature morte.

Соб. Viau въ Парижѣ.

305 Мать и дѣти — Mère et enfants.

Соб. Chaine et Simonson въ Парижѣ.

КАРПО (Jean-Baptiste Carpeaux 1827 — 1875).

306 Наполеонъ III, царь Александръ II и король Пруссіи Виль-
гельмъ — Napoléon III, le tsar Alexandre II et le roi Guillaume
de Prusse.

Соб. Th. Reinach въ Парижѣ.

307 Бюстъ г-жи Тернеръ (гипсъ) — Buste de M-me Turner (plâtre).
Соб. журнала «Аполлонъ» (revue «Apollon») въ Спб.

КАРРІЕРЪ (Eug. Carrière 1849 — 1906).

308 Портретъ Miss Thurner — Portrait de Miss Thurner.
Соб. Paul Rosenberg въ Парижѣ.

309 Портретъ молодой дѣвушки съ собакой — Portrait d'une jeune
fille au chien.

310 Головка ребенка — Tête d'enfant.
Соб. M-r Gabriel Séailles, въ Парижѣ.

КОРО (J. B. Camille Corot 1796 — 1875).

311 Пейзажъ — Paysage.

312 Пейзажъ — Paysage.
Соб. Музея въ Пензѣ (Musée de Penza).

313 Пейзажъ — Paysage.
Соб. Theo Behrens въ Гамбургѣ.

314 Женская фигура — Femme en robe grise.
Соб. de Lagotellerie въ Парижѣ.

315 Видъ римской деревни — Vue de la campagne romaine.
Соб. Leclerc въ Парижѣ.

316 На берегу рѣки — Taillis au bord d'une rivière.
Соб. Baillehache въ Парижѣ.

317 Пейзажъ — Paysage.
Соб. кн. Ф. Ф. Юсупова (prince Youssoupoff) въ Спб.

318 Пейзажъ — Vue de la Saluté.

319 Опушка лѣса — Lisière de bois.
Соб. Th. Reinach въ Парижѣ.

320 Меланхолія — La Mélancolie.
Соб. Alphonse Kann въ Парижѣ.

КОРО (J. B. Camille Corot 1796 — 1875).

321 Видъ съ терассы виллы Медичи — Vue de la terrasse de la Villa Médicis.

Соб. Peytel въ Парижѣ.

323 Пейзажъ — Paysage.

Соб. May въ Парижѣ.

324 Жница — La glaneuse.

Соб. de Lagotellerie въ Парижѣ.

325 Флоренція — Florence.

Соб. Gallimard въ Парижѣ.

326 Пейзажъ — Paysage.

Соб. Екатерины Матвѣевны Родоканаки (Rodocanachi) въ Спб.

327 Озеро Комо — Le lac de Côme.

328 Сумерки — Crépuscule.

Соб. Pearson въ Парижѣ.

329 Лѣсная тропинка (рис.) — Un chemin en forêt. (dessin).

330 Озеро (рис.) — Le lac (dessin).

331 Прудъ (рис.) — L'étang de Ville d'Avray (dessin).

Соб. Beurdeley въ Парижѣ.

332 Рисунокъ — Dessin.

Соб. Степана Петровича Яремича (Yaremitch) въ Спб.

333 Пейзажъ — Paysage.

Соб. г. Воробьева (Vorobiew) въ Вильнѣ.

КОТТЭ (Charles Cottet).

334 Берегъ Бретани — La côte bretonne.

335 Обрядъ надъ мертвымъ ребенкомъ — Veillée mortuaire d'un enfant à l'île d'Ouessant.

336 Этюдъ нагого тѣла — Etude de femme.

337 Печали плоти — Les tristesses de la chair.

Соб. Cottet въ Парижѣ.

КРОССЪ (Henri Edmond Cross) (1856 — 1910).

338 Тѣнь на горѣ — L'Ombre sur la montagne.

Соб. Bernheim Jeune въ Парижѣ.

КУРБЭ (Gustave Courbet 1819 — 1877).

339 Гротъ — La grotte.

Соб. Durand Ruel въ Парижѣ.

340 Цвѣты — Fleurs.

Соб. Pearson въ Парижѣ.

341 Мельница — Le moulin.

Соб. Ackermann въ Парижѣ.

342 Портретъ Барбэ — Portrait de Barbès.

Соб. Peytel въ Парижѣ.

343 Портретъ г. Промайе — Portrait de M. Alphonse Promayet.
Соб. Николая Дмитріевича Романова (Romanoff) въ Спб.

344 Въ лѣсу — Sous Bois.

Соб. Romanelli въ Парижѣ.

345 Въ лѣсу — Sous Bois.

Соб. Musée de Grenoble.

346 Копія съ Ф. Гальса — Copie d'après Hals.

Соб. Theo Behrens въ Гамбургѣ.

347 Госпожа Грегуаръ — La mère Grégoire.

348 Заблудившійся охотникъ — Chasseur égaré.

349 Пейзажъ — Paysage du Jura.

350 Читающая — La Liseuse.

351 Каменщики — Les Casseurs de Pierre.

352 Оленья самка — La Biche.

353 Нагая женщина — Femme nue.

354 Гамакъ — Le Hamac.

355 Дѣвушка, уснувшая за прялкой — La Fileuse endormie.

356 Женщина со свиньями — La femme aux cochons.

357 Раненый — Le Blessé.

358 Морской пейзажъ — Marine.

Соб. Barbazanges въ Парижѣ.

358а Этюдъ женщины — Etude de femme.

Соб. Екатерины Матвѣевны Родоканаки (Rodocanachi) въ Спб.

359 Буря на морѣ — L'orage en Mer.

360 Волна — La Vague.

Соб. Beurdeley въ Парижѣ.

КУТЮРЪ (Thomas Couture 1815 — 1872).

361 Nature morte.

362 Этюдъ — Académie de femme.
Соб. Lagotellerie въ Парижѣ.

363 **Портретъ г-жи Флорентенъ** — Portrait de M-elle Florentin.
Соб. Musée de Grenoble.

364 **Архіепископъ Парижскій** — Monseigneur l'Archevêque de Paris.
Соб. Beurdeley въ Парижѣ.

ЛАМИ (Eugène Lami 1800 — 1890).

365 **Карета короля** — Le Carrosse du Roi.
Соб. M-m Langweil въ Парижѣ.

366 **Посѣщеніе выставки Императрицей** — Eutrée de l'Impératrice.
à l'Exposition.
Соб. Peytel въ Парижѣ.

367 **Герцогъ Немуръ при осадѣ Антверпена** Le duc de Nemours au
siège d'Anvers.
Соб. Musée de Versailles.

368 **Лѣстница къ Букингамскому дворцу** — L'Escalier de Buckingham
Palace.

369 **Чтеніе въ паркѣ (акварель)** — La lecture dans le parc (aquarelle).

370 **Парадный выѣздъ** — Voiture de gala sortant d'un parc.
Соб. Beurdeley въ Парижѣ.

ЛАПРАДЪ (Pierre Laprade).

371 **Портъ въ Марсели** — Port de Marseille.

372 Nature morte.
Соб. Druet въ Парижѣ.

ЛА ТУШЪ (Gaston La Touche).

373 **Тайная вечеря** — La Sainte Cène.
Соб. Зинаиды Владиміровны Ратьковой-Рожновой (Ratkov - Roj-
nov) въ Спб.

ЛЕ БО (Le Beau).

374 **Сѣрый попугай** — Le perroquet gris.
Соб. Hedelbert въ Парижѣ.

ЛЕБУРЪ (A. Lebourg).

375 Сена въ Буживалѣ — La Seine à Bougival.

376 Дорога въ гору — La Route montante.
Соб. Paul Rosenberg, въ Парижѣ.

ЛЕГРО (Alphonse Legros 1837 — 1911).

377 Гроза (рисунокъ) — Orage (dessin).

378 Берегъ пруда — Le bord de l'étang.
Соб. Beurdeley въ Парижѣ.

ЛЕЖЕНЪ (Baron Lejeune, Louis, François 1776 — 1848).

380 Взятіе Сарагоссы — Prise de Saragosse.
Соб. Musée de Versailles.

381 Три рисунка — Trois dessins.
Соб. Musée du Luxembourg въ Парижѣ.

ЛЕПИНЪ (Stanislas Victor Edouard Lépine 1836 — 1892).

381 Домъ художника — La maison de Lépine.
Соб. Paul Rosenberg въ Парижѣ.

382 Улица въ Монмартрѣ — Une rue à Montmartre.
Соб. Eugène Richtenber въ Парижѣ.

ЛЕМУАНЪ (Jacques Lemoine).

383 Портретъ женщины (рисунокъ) — Portrait de femme (dessin).
Соб. Beurdeley въ Парижѣ.

ЛЕПРЭНСЪ (Xavier Leprince 1799 — 1826).

386 Набережная — Quai de la Megisserie (dessin).
Соб. Beurdeley въ Парижѣ.

Ле ПУАТЕВЕНЪ (Louis Le Poittevin).

387 Акварель — Aquarelle.
Соб. Константина Андреевича Сомова (Constantin Somov) въ Спб.

ЛЕРОЛЬ (Lerolle).

388 Церковь (рисунокъ) — Eglise de Pressagny (dessin).
Соб. Lerolle въ Парижѣ.

ЛЕФЕВРЪ, Роберъ (1756 — 1830).

389 Наполеонъ I — Portrait de Napoleon I.

390 Макдональдъ — Portrait de Macdonald.
Соб. Е. И. В. Вел. Кн. Николая Михаиловича (S. A. I. Le Grand
Duc Nicolas Mikhaïlovitch.

391 Портретъ Императрицы Маріи Луизы (рисунокъ) — Portrait de
l'Impératrice Marie-Louise (dessin).
Соб. Beurdeley въ Парижѣ.

392 Портретъ Полины Бонапартъ — Portrait de Pauline Bonaparte.
Соб. Musée de Versailles.

ЛОТЪ (Lhote).

393 Рисунокъ — Nu (dessin).

394 Нагое тѣло (рисунокъ) — Nu (dessin).
Соб. Hédelbert въ Парижѣ.

МАЙОЛЬ (Aristide Maillol).

395 Женская фигура (бронза) — Figure de femme (bronze).
Соб. графа Дмитрія Ивановича Толстого (Comte D. Tolstoï)
въ Спб.

396 Венера (бронза) — Venus (bronze).
Соб. Vollard въ Парижѣ.

397 Портретъ художника Терюсъ — Portrait du peintre Terus.
Соб. Druet въ Парижѣ.

398 Циклистъ (бронза) — Le Cycliste (bronze).
Соб. Aubry въ Парижѣ.

МАНГЭНЪ (Henri Charles Manguin).

399 Пейзажъ — Paysage à St. Tropez.
Соб. Druet въ Парижѣ.

400 Яблоки и апельсины — Pommes et oranges.
Соб. Druet въ Парижѣ.

МАНЭ (Edouard Manet 1833 — 1883).

401 Музыканты — Les Musiciens ambulants.
Соб. Pearson въ Парижѣ.

402 Нана — Nana.

МАНЭ (Edouard Manet 1833 — 1883).

403 Аржантейль — Argenteuil.

404 Вилла — Villa à Rouen.

Соб. Theo Behrens въ Гамбургѣ.

405 Баръ — Le Bar.

Соб. Bernheim - Jeune въ Парижѣ.

406 Заяцъ — Le lièvre.

Соб. Jacques Doucet въ Парижѣ.

407 Портретъ M-me Морисо — Portrait de M-me Berthe Morissot.

408 Портретъ г-жи L. въ бальномъ туалетѣ — Portrait de M-me L. en toilette de bal.

Соб. M-me Rouart въ Парижѣ.

409 Цвѣты — Fleurs.

Соб. Barbazanges въ Парижѣ.

410 Первая мысль для «Олимпіи» — Première pensée pour l'Olympia (Dessin).

Соб. Beurdeley въ Парижѣ.

МАРКЭ (Albert Marquet).

411 Видъ Сены — La Seine.

412 Видъ Парижа — Vue de Paris.

413 Гамбургскій каналъ — Canal à Hambourg.

Соб. Aubry въ Парижѣ.

414 Видъ Парижа — Quai de le Tournelle.

415 Рисунокъ — Dessin.

416 Рисунокъ — Dessin.

417 Рисунокъ — Dessin.

Соб. Druet въ Парижѣ.

МЕССОНЬЕ (Ernest Meissonnier 1815 — 1891).

418 Любители картинъ (рисунокъ) — Les amateurs (dessin).

Соб. графа Дмитрія Ивановича Толстого (Comte D. Tolstoy) въ Спб.

418a Курильщикъ — Le fumeur.

Соб. Екатерины Матвѣевны Родаконаки (Rodocanachi) въ Спб.

418b Мужская фигура — Figure d'homme.

418c Двѣ фигуры — Deux figures.

Соб. кн. Ф. Ф. Юсупова (prince Youssoupoff) въ Спб.

МИЛЛЕ (Jean François Millet 1814 — 1875).

419 Лѣто (1865) — L'été. Cérès.

Соб. Durand-Ruel въ Парижѣ.

420 Портретъ госпожи Вальмонъ де Шербуръ — Portrait de madame Valmont de Cherbourg.

Соб. Ackermann въ Парижѣ.

421 Портретъ женщины — Portrait de femme.

Соб. Druet въ Парижѣ.

422 Ловъ водорослей — Les Tireurs de varech.

423 Портретъ мужчины — Portrait d'homme.

424 Портретъ Канредона — Portrait de Campredon.

425 Прачки (рисунокъ) — Les Laveuses (dessin).

426 Пресвятая Дѣва, держащая на рукахъ младенца Іисуса, св. Анна и ангелы. — La Vierge tenant l'enfant Jésus, S-te Anne et les anges.

427 Сборы на работу (рисунокъ) — Le départ pour le Travail (dessin).

428 Швея (рисунокъ) — La couseuse (dessin).

Соб. Beurdeley въ Парижѣ.

ШКОЛЫ МИЛЛЕ (Ecole de Millet).

429 Видъ Парижа — (Vue de Paris).

Соб. Василія Андреевича Верещагина (Werestchaguine)
въ Спб.

МИШЕЛЬ (Georges Michel 1763 — 1843).

430 Мельница — Le Moulin.

Соб. Masson въ Парижѣ.

431 Маленькій пейзажъ — Petit Paysage.

432 Мельница — Grand paysage avec moulin.

433 Пейзажъ (рисунокъ) — Paysage (dessin).

434 Гроза на дюнѣ (рисунокъ) — L'orage sur la dune (dessin).

Соб. Beurdeley въ Парижѣ.

435 Пейзажъ — Paysage.

Соб. Mau въ Парижѣ.

МОНЭ (Claude Monet, родился въ 1840 г.).

436 Домъ артиста — La Maison de l'artiste à Vétheuil.

МОНЭ (Claude Monet, родился въ 1860 г.).

437 Тополя — Les peupliers à Giverny.

438 Видъ Темзы въ Лондонѣ — Vue de la Tamise à Londres.

439 Видъ на Альпы — Les Alpes vues du Cap d'Antibes.

440 Морской пейзажъ — Marine.

Соб. Durand-Ruel въ Парижѣ.

441 Пейзажъ — Paysage, Varangeville.

Соб. Jacques Doucet въ Парижѣ.

442 Nature morte.

443 Видъ Буживаля — Vue de Bougival.

Соб. Barbazanges въ Парижѣ.

444 Пейзажъ — Etretat.

Соб. Theodore Reinach въ Парижѣ.

МОННІЕ (Henry Monnier 1805 — 1877).

445 У фотографа — Chez le Photographe.

Соб. René Charlier въ Парижѣ.

446 Г-нъ Жозефъ Прюдомъ — Monsieur Joseph Prudhomme.

447 Монніе въ четырехъ своихъ проявленіяхъ — Henri Monnier dans quatre de ses manifestations.

448 Концертъ — Une fille à placer.

449 Мечта художника — La vision du peintre.

Соб. Beurdeley въ Парижѣ.

МОНТИЧЕЛЛИ (Monticelli Adolphe-Thomas Joseph 1824 — 1886).

450 Входъ въ мечеть — Entrée de la Mosquée.

451 Купальщицы — Baigneuses.

452 Леда — Léda.

Соб. Druet въ Парижѣ.

453 Внутренность церкви — Intérieur d'église.

454 Опушка лѣса — Lisière de forêt.

Соб. Lombard въ Парижѣ.

МОРИЗО (Berthe Morisot 1841 — 1895).

455 Двѣ сестры — Les deux soeurs.

Соб. Durand-Ruel въ Парижѣ.

МОРИЗО (Berthe Morisot 1841 — 1895).

456 Черный корсажъ — Le corsage noir.

457 Садъ — Le jardin.

458 Каминъ (Nature-morte) — La cheminée.

Соб. M-me Rouart въ Парижѣ.

МОРО (Gustave Moreau) (1828 — 1898).

459 Царица Савская — La Reine de Saba.

460 Сусанна и старцы — Suzanne et les Vieillards.

461 Смерть Христа — La Mort du Christ.

462 Фея — La Fée.

463 Гезіодъ (акварель) — Hésiode (aquarelle).

464 Полифемъ (акварель) — Polyphême (aquarelle).

Соб. Barbazanges въ Парижѣ.

НЕИЗВѢСТНЫЙ (Peintre inconnu).

465 Генералъ-маіоръ баронъ Максимъ Иван. де Дамасъ — Baron Damas.
Соб. Николая Дмитріевича Романова (Romanoff) въ Спб.

ОБРИ (Charles Aubry).

466 Портретъ генерала князя Понятовскаго (рисунокъ) — Portrait du
général prince Poniatovsky (dessin).

Соб. Beurdeley въ Парижѣ.

467 Г-жа Рекамье — M-me Récamier.
Соб. кн. Ф. Ф. Юсупова (prince Youssoupoff) въ Спб.

ОРИ-РОБЕНЪ (M-me Ory-Robin).

468 Экранъ — Ecran à deux feuilles.

469 Ширма о трехъ створкахъ — Paravent à trois feuilles.

470 Маленькое трюмо — Petit trumeau, dessus de porte ou de glace.

471 Развѣвающійся занавѣсъ, осеннее настроеніе — Rideau (Automne).

472 Панно; Штокрозы — Panneau décoratif: Roses trémières.

473 Фризъ, Дерево (два экземпляра) — Frise: L'arbre (2 exemplaires),

474 Бандо — Bandeau décoratif.

476 Поле — Tapisserie murale, champs de blé.

477 Фрагментъ фриза. Виноградникъ — Fragment de frise: La vigne.

ОРИ-РОБЕНЪ (M-me Ory-Robin).

478 Маленькое трюмо — Petit trumeau (paysage).

479 Паркъ — Tapisserie murale: Le Parc.

480 Лугъ — Tapisserie murale: La Prairie.

481 Фрагментъ фриза; подсолнечники — Fragment de frise: Les tournesols.

Соб. M-me Ory-Robin въ Парижѣ.

482 Бьющіе фонтаны — Tapisserie murale: Les fontaines jaillissantes.

Соб. Musée des Arts décoratifs въ Парижѣ.

ПИЛЬСЪ (Isidore-Alexandre-Auguste Pils) (1815 — 1875).

483 Кузница въ деревнѣ — Une forge de campagne.

Соб. Chaîne et Simonson въ Парижѣ.

ПИССАРО (Camille Pissaro) (1830 — 1893).

484 Садъ Тюильери — Les jardin de Tuileries.

485 Пейзажъ — La Varenne, Saint-Hilaire.

486 Пейзажъ — Paysage.

487 Руанъ, доки послѣ полудня — Rouen, le Port après midi.

Соб. Durand Ruel въ Парижѣ,

ПІО (René Piot).

488 Негръ — Tête de nègre.

489 Женскій портретъ — Portrait de femme.

490 Nature morte.

Соб. Виктора Викторовича Голубева (Goloubev) въ Парижѣ.

ПРЮДОНЪ (Pierre Paul Prud'hon) (1758—1823).

491 Голова женщины — Tête de femme.

Соб. Pearson въ Парижѣ.

492 Богоматерь — La Sainte Vierge.

Соб. кн. Ф. Ф. Юсунова (pr. Youssoupoff) въ Спб.

493 Этюдъ головы — Tête d'éphèbe.

Соб. Ackermann въ Парижѣ.

494 Портретъ — Portrait.

Соб. Peytel въ Парижѣ.

ПРЮДОНЪ (Pierre Paul Prud'hon) (1758 — 1823).

495 Эскизъ «Похищеніе Психеи» — Esquisse de «l'Enlèvement de Psyché».

496 Нимфа — Nymphe.

497 Портретъ г-жи N*.* — Portrait de M-me N*.*

Соб. Alphonse Kann въ Парижѣ.

498 Парка (рисунокъ) — Parque (dessin).

Соб. Koechlin въ Парижѣ.

499 Подростокъ (рисунокъ) — Un adolescent (dessin).

Соб. Hippolyte Adam въ Парижѣ.

500 Похищеніе Психеи — l'Enlèvement de Psyché.

501 Зефиръ (рисунокъ) — Le zéphyr (dessin).

502 Этюдъ жертвы къ картинѣ: «Правосудіе, преслѣдующее преступленіе» — Etude de la Victime pour le tableau du musée du Louvre.

Соб. Beurdeley въ Парижѣ.

ПЮВИ де ШАВАНЪ (Pierre Puvis de Chavannes) 1824 — 1898.

503 Эскизъ — Grande esquisse pour le musée d'Amiens.

504 Эскизъ — Grande esquisse pour le musée d'Amiens.

505 Прометей — Petite réplique du Prométhée de la Bibliothèque de Boston.

Соб. Barbazanges въ Парижѣ.

506 Голова женщины — Tête de femme.

Соб. Bracquemont въ Парижѣ.

507 Бдительность — La Vigilance.

Соб. Peytel въ Парижѣ.

РАФАЕЛЛИ (J. F. Raffaëlli).

508 Бульваръ des Italiens — Le boulevard des Italiens (dessin).

509 Садъ въ Тюильери — Le jardin des Tuileries (dessin).

Соб. Raffaëlli въ Парижѣ.

РАФФЭ (Denis Auguste Marie Raffet 1804 — 1860).

510 Церковь — Eglise S-t Roch le 13 vendemiaire.

511 Пейзажъ — Paysage.

РАФФЭ (Denis Auguste Marie Raffet 1804 — 1860).

512 Горный пейзажъ — Paysage montagneux en Crimée.

513 Эпизодъ изъ Русской кампаніи — Episode de la campagne de Russie.

514 Бонапартъ на бивуакахъ — Bonaparte au bivouac.

Соб. Beurdeley въ Парижѣ.

РЕДОНЪ (Odilon Redon).

515 Ликъ — Visage, dessin en couleurs.

Соб. Виктора Викторовича Голубева (Goloubev) въ
Парижѣ.

516 Игра красокъ — Jeu de Couleurs.

517 Роже и чудовище — Roger et le Monstre.

Соб. Druet въ Парижѣ.

РЕНУАРЪ (Pierre Renoir родился въ 1841 г.).

518 Портретъ мужчины — Portrait d'Homme.

519 Любовники — Les amants.

Соб. Vollard въ Парижѣ.

520 Лягушатникъ — La Grenouillère.

Соб. Theo Behrens въ Гамбургѣ.

521 Портретъ мужчины — Portrait d'homme.

522 Портретъ женщины — Portrait de femme.

523 Обнаженная — Petit nu.

524 Елисейскія поля въ 1867 — Les Champs-Elysées en 1867.

525 Завтракъ — Le petit déjeuner.

526 Розовое утро — La matinée rose.

527 Стрекоза — La Libellule.

528 Дама въ шали — La dame au châle.

529 Прислужница — La bonne de chez Duval.

530 Гризетка — La grisette.

531 Женщина въ голубомъ корсажѣ — Femme au corsage bleu.

532 Молодая дѣвушка съ цвѣтами — Jeune fille aux fleurs.

533 M-me де Пурталесъ — M-me de Pourtalès.

Соб. Barbazanges въ Парижѣ.

РЕНУ АРЪ (Pierre Renoir родился въ 1841 г.).

534 Портретъ — Portrait.

535 Портретъ г-жи Фурнезъ — Portrait de M-elle Fournaise.

556 Цвѣты и фрукты.— Fruits et fleurs.

537 Ваза съ цвѣтами — Vase de fleurs.

538 Лежащая женщина — Femme couchée.

Соб. Durand-Ruel въ Парижѣ.

539 Портретъ живописца Сисле — Portrait de Sisley.

Соб. Lapauze въ Парижѣ.

540 Головки дѣтей — Têtes d'enfants.

Соб. Pra въ Парижѣ.

РЕНЬО Бар. (Baron Regnault 1754 — 1829).

541 Портретъ г-жи Е. П. Віоллiе — Portrait de M-me H. Viollier.

Соб. барона Петра Николаевича Врангеля (Baron
P. Wrangell) въ Спб.

РИБЕМОНЪ (Ribemont-Dessaignes).

542 Рисунокъ — Dessin.

543 Рисунокъ — Dessin.

Соб. Heidelbert въ Парижѣ.

РИБО (Théodule Ribot) (1823 — 1891).

544 Счетоводство — La Comptabilité.

Соб. Charles въ Парижѣ.

РИЗНЕРЪ (Henri François Riesener) (1767—1828).

545 Женскій портретъ — Portrait de femme.

Соб. Владиміра Ивановича Фонвизина (Fonvisine) въ
Парижѣ.

546 Портретъ г-жи Лесажъ — Portrait de M-me Lesage.

Соб. Richtenberger въ Парижѣ.

547 Портретъ женщины — Portrait de femme.

РИЗНЕРЪ (Louis Antoine Riesener) (1808—1878).

548 Лежащая женщина (рисунокъ) — Femme nue couchée (dessin).

Соб. Beurdeley въ Парижѣ.

РИКАРЪ (Louis Gustave Ricard) (1823 — 1872).

549 Портретъ г-жи R. — Portrait de M-me de R.

550 Портретъ судьи — Portrait d'un Magistrat.

551 Автопортретъ — Portrait de l'artiste.

Соб. Lombard въ Парижѣ.

552 Инеса де Кастро — Inès de Castro.

553 Портретъ M-elle Калоннъ. — Portrait de M-elle de Calonne.

554 Этюдъ къ портрету m-elle Калоннъ въ Луврскомъ музеѣ — Etude pour le portrait de M-elle de Calonne.

Соб. Beurdeley въ Парижѣ.

РОДЕНЪ (Auguste Rodin).

555 Нереиды (бронза) — Les Néréides (bronze).

Соб. графа Дмитрія Ивановича Толстого (Comte D. Tolstoï) въ Спб.

556 Дѣвушка со змѣей (бронза) — Jeune fille au serpent (bronze).

557 Викторъ Гюго (бронза) — Victor Hugo, tête-première idée (bronze)

Соб. Schoeller въ Парижѣ

558 Бюстъ скульптора Гильома — Buste du sculpteur E. Guillaume.

Соб. Cottet въ Парижѣ.

559 Бюстъ Малера (бронза) — Buste de Mahler (bronze).

Соб. Auguste Rodin въ Парижѣ.

560 Викторъ Гюго (бронза) — Buste de Victor Hugo (bronze).

Соб. Bracquemond въ Парижѣ.

561 Купальщица (акварель) — Baigneuse (aquarelle).

Соб. Виктора Викторовича Голубева (Goloubev) въ Парижѣ.

562 Фрина (бронза) — Phryné (bronze).

Соб. Hedelbert въ Парижѣ.

РУССЕЛЬ (Xavier Roussel).

563 Родникъ Молодости — La Fontaine de Jouvence.

564 Средиземное море — Méditerranée.

565 Коза — La chèvre.

566 Нимфа и играющіе дѣти — Nymphe et enfants jouant.

Соб. Bernheim въ Парижѣ.

567 Миѳологическій пейзажъ — Paysage mythologique.

Соб. Haasen въ Спб.

РУССО (Théodore Rousseau) (1812—1867).

568 Видъ съ горы St. Michel — Vue du Mont St. Michel.

569 Высокій лѣсъ — Futaie.

Соб. Baillehache въ Парижѣ.

570 Пейзажъ — Paysage.

Соб. Barbazanges въ Парижѣ.

571 Берега Луары — Bords de la Loire.

572 Телятникъ. Дорога въ Шальи — Le parc à moutons. Route de Chailly.

573 Лѣсъ — La forêt.

574 Прудъ — L'étang.

575 Лѣстница въ замкѣ Блуа — L'escalier du château de Blois.

576 Опушка лѣса — Lisière de Forêt

577 Видъ города Тьеръ — La ville de Thiers.

578 Пейзажъ въ окрестностяхъ горы St. Michel — Paysage aux environs du Mont St. Michel.

Соб. Beurdeley въ Парижѣ.

579 Утро въ горахъ — Le matin dans les montagnes.

580 Видъ съ высотъ Медона — La plaine vue des hauteurs de Meudon.

581 Развалины замка Гальяръ — Les ruines du château Gaillard.

582 Долина Барбизона — La plaine de Barbizon.

Соб. Beurdeley въ Парижѣ.

РУССО (Philippe-Rousseau 1816 — 1887).

583 Nature morte — овощи. — Nature morte — Légumes.

Соб. Chaîne et Simonson въ Парижѣ.

584 Nature morte.

585 Nature morte (цвѣты) — Nature morte (Fleurs).

Соб. Beurdeley въ Парижѣ.

РЮДЪ (François Rude 1784 — 1855).

586 Этюдъ къ «Марсельезѣ» (гипсъ) — Etude pour la Marseillaise (plâtre).

Соб. Lesnel въ Парижѣ.

587 Этюдъ къ «Гебѣ» (гипсъ) — Etude pour l'Hébé (plâtre).

Соб. François Monod въ Парижѣ.

СЕЗАНЪ (Paul Cézanne 1889 — 1906).

588 **Автопортретъ** — Portrait de l'artiste.

Соб. Theo Behrens въ Гамбургѣ.

589 **Пейзажъ (эскизъ)** — Paysage (esquisse).

590 **Дорога** — La route.

591 **Автопортретъ** — Portrait de l'artiste.

Соб. Vollard въ Парижѣ.

СЕРА (Georges Seurat 1859 — 1891).

592 **Гавань въ Гонфлерѣ** — Port de Honfleur.

Соб. Druet въ Парижѣ.

593 **Маякъ** — Le Phare et l'Hospice d'Honfleur.

Соб. Bernheim въ Парижѣ.

СЕРЮЗЬЕ (Paul Sérusier).

594 Nature morte.

595 Nature morte.

Соб. Druet въ Парижѣ.

СИКАРЪ (Sicard).

596 **Бюстъ г-жи Вернуа (гипсъ)** — Buste de M-me Vernoy (plâtre).

Соб. François Sicard въ Парижѣ.

СИМОНЪ (Lucien Simon).

597 **Человѣкъ съ лошадью (акварель)** — Jeune homme tenant un cheval (aquarelle).

Соб. Leonce Benedite въ Парижѣ.

СИНЬЯКЪ (Paul Signac).

598 **Венеція (акварель)** — Venise (aquarelle).

599 **Роттердамъ** — Rotterdam.

Соб. Druet въ Парижѣ.

СИСЛЕ (Sisley 1839 — 1899).

600 **Осень** — L'automne, bords du Loing.

601 **Іюльское утро** — Le matin en Juillet.

602 **Огородъ** — Un verger.

Соб. Durand-Ruel въ Парижѣ.

СИСЛЕ (Sisley 1839 — 1899).

603 Зимній пейзажъ — Paysage d'hiver.

604 Пейзажъ — Paysage.

Соб. Jacques Doucet въ Парижѣ.

605 Пейзажъ — Paysage.

606 Поле ржи — Champ de blé.

Соб. Barbazanges въ Парижѣ.

ТАССАРЪ (Octave Tassaert 1807 — 1874)).

607 Плѣненная нимфа — La nymphe captive.

608 Юпитеръ и Леда — Jupiter et Léda.

Соб. Beurdeley въ Парижѣ.

ТИССО (James Tissot 1836—1902).

609 Этюдъ — Etude de femme en robe rouge.

Соб. Musée de Luxembourg въ Парижѣ.

ТОБЕНЪ (Toben).

610 Прачки — Les Laveuses.

Соб. Heidelbert въ Парижѣ.

ТОНЭ (Nicolas Antoine Taunay 1755 — 1830).

611 Бивуакъ императора Наполеона I.— Bivouac de l'empereur Napoléon I.

Соб. Beurdeley въ Парижѣ.

612 Знатное общество на прогулкѣ. — Promenade sous les arbres.

Соб. Елагина дворца (palais Ielaguine).

ТРОВАНЪ (Constantin Trovant).

613 Прачки — Les laveuses.

Соб. Beurdeley въ Парижѣ.

ТРОЙОНЪ (Constantin Troyon 1810 — 1865).

614 Быки въ лѣсу (акварель) — Taureaux (aquarelle).

Соб. Ивана Николаевича Герардъ (Guerard) въ Спб.

615 Быки — Taureaux.

616 Пейзажъ — Paysage.

Соб. кн. Ф. Ф. Юсупова (Prince Youssoupoff) въ Спб.

ТУЛУЗЪ-ЛОТРЕКЪ (Henry Marie Raymond de Toulouse - Lautrec 1864 — 1901).

617 Причесывающаяся женщина — La femme qui se coiffe.

618 Рисунокъ — Dessin.

Соб. Aubry въ Парижѣ.

619 Портретъ М. С. Годебскаго — Portrait de M. Godebsky.

Соб. Godebsky въ Парижѣ.

ФАЛЬГІЕРЪ (Falguière).

620 Кентавръ (бронза). — Petit Centaure (bronze).

Соб. Hébrard въ Парижѣ.

ФАНТЭНЪ ЛАТУРЪ (Henri Fantin-Latour 1836—1904).

621 „Мои двѣ сестры“ — Mes deux soeurs.

Соб. Templaere въ Парижѣ.

622 Nature morte.

Соб. I. Blanche въ Парижѣ.

ФЛАМИНКЪ (Vlaminck).

623 Nature morte.

Соб. Raliniveillo въ Парижѣ.

ФЛАНДРЕНЪ (Jules Flandrin).

624 Персей (Флоренція) — Le Persée, Florence.

625 Римскій пейзажъ — Campagne romaine.

Соб. Druet въ Парижѣ.

626 Пейзажъ съ молодыми дѣвушками — Jeunes filles dans un paysage.

Соб. Paul Rosenberg въ Парижѣ.

ФЛЕРЪ (Camille Flers).

627 Домикъ въ лѣсу — Maison au milieu des Bois.

628 Рыбачьи лодки — Barques de pêche, sur la Seine, à S-t Denis.

629 Пруды (рисунокъ) — Un étang (dessin).

Соб. Beurdeley въ Парижѣ.

ФОРБЕНЪ ДЕ ЖАНСОНЪ, гр. (comte Forbin de Janson 1777 — 1841).

630 Пейзажъ — Paysage.

Соб. герцога Николая Николаевича Лейхтенбергскаго (S. A. S. le
Duc N. de Leuchtenberg) въ Спб.

ФОРЭНЪ (Jean Louis Forain).

631 Танцовщица, сидящая на диванѣ (рисунокъ) — Danseuse assise sur un canapé (dessin).

632 Выздоравливающая (рисунокъ) — La convalescente (dessin).

633 Министръ (рисунокъ) — Monsieur le ministre (dessin).

634 Портретъ Американки (рисунокъ) — Portrait d'une dame americaine (dessin).

635 На пляжѣ Трувилля — Sur la Plage à Trouville.

636 Балетъ — Le Repos du Ballet.

637 Восходъ солнца — Le Lever.

638 Молодая женщина у своей постели (рисунокъ) — Jeune femme debout près de son lit (dessin).

639 Маленькая уборная танцовщицы (акварель) — La petite loge de la danseuse (aquarelle).

ФРАНСЭ (François Louis Français 1814 — 1897).

640 Лѣстница къ виллѣ Медичи (рисунокъ) — Escalier de la villa Médicis (dessin).

Соб. Beurdeley въ Парижѣ.

ФРІЕСЪ (Friesz).

641 Золотыя рыбки — Les poissons rouges.

Соб. Druet въ Парижѣ.

ФРОМЕНТЕНЪ (Eugène Fromentin 1820 — 1876).

642 Арабы въ пустынѣ — Un campement arabe.

Соб. Bardac въ Парижѣ.

643 Скалистая мѣстность (акварель) — Plage rocheuse et falaise (aquarelle).

Соб. Cerotte et C-ie въ Парижѣ.

644 Айнъ-Мади 7-ое іюля, 7 часовъ вечера — Ain-Mahdy 7 juillet 7 h. du soir.

Соб. Beurdeley въ Парижѣ.

ХЕРБЕНЪ (Herbin).

645 Nature morte.

646 Nature morte.

Соб. Sagot въ Парижѣ.

ХЕРЗЕНЪ (Louis Hersent 1777 — 1860).

647 Фенелонъ возвращаетъ корову крестьянину — Fenelon qni retrouve la vache d'un pavre paysan.

> Соб. герцога **Николая Николаевича Лейхтенбергскаго** (S. A. S. le duc N. de Leuchtenberg) **въ Спб.**

ШАПЛЕНЪ (Charles Chaplin).

648 Мечта любви (рисунокъ) — Le rêve d'amour (dessin).

> Соб. Beurdeley **въ Парижѣ.**

ШАРЛЭ (Nicolas Toussainte Charlet 1792 — 1845).

649 Выходъ изъ церкви (рисунокъ) — La sortie de l'église (dessin).

> Соб. Beurdeley **въ Парижѣ.**

ШАССЕРІО (Théodore Chassériau 1819 — 1856).

650 Венера — Vénus Anadyomène.

> Соб. Beurdeley **въ Парижѣ.**

651 Въ гаремѣ — Intérieur de Harem.

> Соб. baron Arthur Chasseriau **въ Парижѣ.**

ШЕНАРЪ-ЮШЕ (Chénard-Huché, G).

652 Персики — Pêches.

> Соб. Paul Rosenberg **въ Парижѣ.**

ШЕРЕ (Cheret).

652а Женщина съ вѣеромъ — La femme a l'évantail.

> Соб. baron Vitta **въ Парижѣ.**

ШЕФФЕРЪ (Ary Scheffer 1795 — 1858).

653 Портретъ юноши — Portrait de jeune garçon.

> Соб. Beurdeley **въ Парижѣ.**

ШИНАРЪ (Pierre Chinard 1756 — 1813).

654 Евгеній Богарне (медаль) — Eug. de Beauharnais (medaille).

655 Портретъ императрицы Жозефины (медаль) — Portrait de l'Impératrice Joséphine (médaille).

> Соб. Comte Allard du Chollet **въ Парижѣ.**

ЭНГРЪ (Jean Dominique Ingres 1780 — 1867).

656 Наполеонъ I — Portrait de Napoléon I.

> Соб. Hôtel des Invalides **въ Парижѣ.**

657 Портретъ жены художника — Portrait de la femme de l'Artiste
M-me Ingres née Chapelle.

658 Портретъ г-жи Гонсъ — Portrait de M-me Gonse.

659 Паоло и Франческа — Paolo de Rimini et Francesca Malatesta.

Соб. Henri Lapauze въ Парижѣ.

660 Отдыхающая женщина — Femme au repos.

Соб. Peytel въ Парижѣ.

661 Одалиска — La Grande Odalisque.

Соб. Lagotellerie въ Парижѣ.

662 Портретъ неизвѣстной женщины (рисунокъ) — Portrait d'une
femme inconnue (dessin).

663 Портретъ лэди Литтонъ, жены англійскаго посла въ Италіи
(рисунокъ) — Portrait de lady Lytton (dessin).

664 Портретъ Луизы Брогли, графини д'Осонвилль (рисунокъ) —
Portrait de Louise de Broglie comtesse d'Haussonville (dessin).

665 Одиссея (рисунокъ) — L'Odyssée (dessin).

Соб. Beurdeley въ Парижѣ.

665a Этюдъ женщины — Etude de femme.

Соб. baron Vitta въ Парижѣ.

666 Карлъ X въ костюмѣ коронованія (рисунокъ) — Charles X en
costume de Sacre (dessin).

Соб. Paul Rosenberg въ Парижѣ.

ЭРВЬЕ (Hervier).

667 Старые дома (рисунокъ) — Vieilles maisons à Caen (dessin).

668 Двѣ хижины у пруда (рисунокъ) — Deux chaumières prés d'une
mare (dessin).

Соб. Beurdeley въ Парижѣ.

ЭСПАНЬЯ (d'Espagnat Georges).

669 Букеты (1907) — Bouquets (1907).

670 Гвоздики, фрукты и раковины — Oeillets, fruits et coquillages
(1908).

671 Женщина и ребенокъ у Средиземнаго моря — Femme et enfant,
Méditerranée.

Соб. Durand-Ruel въ Парижѣ.

ЭСТАШОНЪ (Estachon).

672 Купальщица — Baigneuse (1847).

Соб. Николая Дмитріевича Романова (Romanoff) въ Спб.

КАТАЛОГЪ

ГРАВЮРЪ И ЛИТОГРАФІЙ.

БАРИ (Antoine Louis Barye 1795 — 1875).

673 Олень и рысь — Un cerf et un lynx.

Соб. Beurdeley въ Парижѣ.

БЕЛЬТРАНЪ (Marcel Beltrand).

675 Швея — La couseuse.

676 Снятіе съ креста — Déposition de Croix.

Соб. Sagot въ Парижѣ.

БЕНАРЪ (Albert Besnard).

677 Больная мать — La mère malade.

Соб. Delteil въ Парижѣ.

678 Явленіе — Apparition.

Соб. Beurdeley въ Парижѣ.

БОНВЕНЪ (François Bonvin 1817 — 1887).

679 Ворота С. Мало, въ Динанѣ — La porte de S-t Malo, à Dinan.

Соб. Delteil въ Парижѣ.

БРАКМОНЪ (Bracquemond) род. 1833.

680 Берега Сены — Les bord de la Seine.

681 Верхнее украшеніе двери — Le haut d'un battant de porte.

БРАКМОНЪ (Bracquemond) род. 1833.

682 Старый пѣтухъ — Le vieux Coq.

683 Галльскій пѣтухъ — Le Coq Gaulois.

684 Альфредъ де Кюрзонъ — Alfred de Curzon.

Соб. Delteil въ Парижѣ.

БРЕЗДЕНЪ (Bresdin 1825 — 1855).

685 Потокъ — Le Torrent.

686 Св. Семейство — S-te Famille.

687 Пейзажъ съ 3-мя бѣлыми камнями — Paysage aux trois pierres blanches.

688 Опушка — La clairière.

Соб. Sagot въ Парижѣ.

БЮО (Buhot 1847 — 1898).

689 Геніи мертвыхъ городовъ — Les esprits des Villes mortes.

690 Вестминстерскій дворецъ — Westminster Palace.

691 Зимнее утро — Matinée d'Hiver au quai de l'Hôtel Dieu.

Соб. Beurdeley въ Парижѣ.

ВЕБЕРЪ (Jean Veber род. 1864 г.).

692 Споръ въ деревнѣ — La dispute au village.

693 Борцы — Les lutteurs.

Соб. Sagot въ Парижѣ.

ВЕРНЭ (Horace Vernet 1789 — 1863).

694 Французскій бивуакъ — Bivouac français.

695 Уланъ — Le lancier en vedette.

696 Отецъ артиста — Le père de l'artiste.

Соб. Beurdeley въ Парижѣ.

ВИЛЬЕТЪ (Adolphe Willette род. 1857 г.).

697 Ловля бабочекъ — La chasse aux papillons.

698 Поцѣлуй — Le baiser.

Соб. Beurdeley въ Парижѣ.

ГАЯРЪ (Claude-Ferdinand Gaillard 1834 — 1887).

699 Сестра Розалія — Soeur Rosalie.

700 Dom Prosper Guéranger.

Соб. Delteil въ Парижѣ.

ГОГЭНЪ (Paul Gauguin 1848 — 1907).

701 Стрекозы и муравьи — Les Cigales et les fourmis.

Соб. Sagot въ Парижѣ

ГАВАРНИ (Sulpice Chevalier dit Gavarni 1804 — 1866).

702 Уроки и совѣты — Leçons et conseils.

703 Парижскія шутки — Balivernes parisiennes.

704 Лоретки — Les lorettes.

Соб. Marni въ Парижѣ.

705 Автопортретъ — Gavarni par lui-même.

706 Подсвѣчникъ — Un chandelier.

707 Bourmancé.

Соб. Beurdeley въ Парижѣ.

ГЮЭТЪ (Paul Huet).

708 Непогода — Gros-temps.

709 Болото — Le Marais.

Соб. Hud sils въ Парижѣ.

710 Прудъ въ окрестностяхъ Компьена — Etang près de Compiègne.
Соб. Delteyl въ Парижѣ.

711 Нормандская хижина — Chaumière normande.

712 Папскій замокъ въ Авиньонѣ — Château des Papes à Avignon.
Соб. Beurdeley въ Парижѣ.

ДЕВЕРІА (Achille Devéria 1800 — 1857).

713 Листъ — List.

714 Жюльета и Жюдита Гризи — Juliette et Judith Grisi.

715 Дюма отецъ — A. Dumas père, assis.

Соб. Beurdeley въ Парижѣ.

ДЕГАСЪ (Degas род. 1834).

716 Кафэ въ Елисейскихъ поляхъ — Café-concert aux Champs Elysées.

717 Послѣ купанья — La sortie du bain.

718 Двѣ танцовщицы — Deux Danseuses.

719 Сестра-артиста — La soeur de l'artiste.

720 Дегасъ 22-хъ лѣтъ — Degas à 22 ans.

Соб. Beurdeley въ Парижѣ.

721 Іосифъ Турни — Joseph Tourny.

Соб. Delteil въ Парижѣ.

82

ДЕКАНЪ (Decamps 1803 — 1860).

722 Псарня — Intérieur de chenil.

723 Псарня — Le Chenil.

724 Турецкая деревня — Village de Turquie.

725 Турецкіе кордегарды — Corps de garde turc.

Соб. Beurdeley въ Парижѣ.

ДЕЛАКРУА (Eugéne Delacroix 1798 — 1863).

726 Вейслингенъ умирающій — Weislingen mourant.

727 Королевскій тигръ — Tigre royal.

728 Атласкій тигръ — Lion de l'Atlas.

729 Дикая лошадь и тигръ — Cheval sauvage terrassé par un tigre.

730 Схватка всадниковъ — Rencontre de cavaliers Maures.

731 Алжирскія еврейки — Juives d'Alger.

Соб. Beurdeley въ Парижѣ.

ДЕНИ (Maurice Denis) род. **1870**

732 Явленіе — La Visitation.

Соб. Sagot въ Парижѣ.

ДОБИНЬИ (Daubigny).

733 Загонъ для овецъ — Le grand Parc à moutons.

734 Пожаръ фермы — L'Incendie de la Ferme.

735 Загонъ для овецъ — Le petit Parc à moutons.

Соб. Beurdeley въ Парижѣ.

736 Безонскій паромъ — Le bac de Bezons.

Соб. Delteil въ Парижѣ.

ДОМЬЕ (Honoré Daumier 1808 — 1879).

737 Купальщики — Les Baigneurs.

738 Желѣзныя дороги — Les Chemins de fer.

739 Семейные нравы — Mœurs conjugales.

740 Все, что хочешь — Tout ce qu'on voudra.

Соб. Sagot въ Парижѣ.

741 Воспоминаніе — Souvenir de S-te Pélagie.

742 Baillot.

83

ДОМЬЕ (Honoré Daumier 1808 — 1879).

743 Harlè père.

744 Рентье — Un Rentier.

Соб. Delteil въ Парижѣ.

745 Jacquinet Godard.

746 **Улица Транссонэнъ 15 апрѣля 1834** — Rue Transonain, le 15 avril 1834.

ДЮПОНЪ (E. P. Henriquel Dupont 1797 — 1892).

747 **Шенаваръ** — C. A. Chenavard.

Соб. Beurdeley въ Парижѣ.

ЖАКЪ (Charles Jacque 1813—1894).

748 La Truffière.

Соб. Delteyl въ Парижѣ.

749 **Овчарня** — La bergerie.

Соб. Beurdeley въ Парижѣ.

ЖЕРИКО (Théodore Géricault 1790—1824).

750 **Англійскій кузнецъ** — Le maréchal ferrant anglais.

751 **Бѣдный у дверей булочной** — Le pauvre à la porte d'une boulangerie.

752 **Курильщикъ** — The Piper.

ЖИГУ (Jean Gigoux 1806—1894).

753 **Фр. Жераръ** — Fr. Gérard.

754 **Выздоровленіе** — Convalescence.

ИЗАБЭ (Eugène Isabey 1804—1886).

755 **Проходъ подъ сводомъ** — Le passage sous la voûte.

756 **Флотъ** — Marine à la balise.

757 **Въѣздъ въ деревню** — Entrée de village.

758 **Принцесса** — Madame la Dauphine.

Соб. Beurdeley въ Парижѣ.

КАРРІЕРЪ (Eugène Carrière 1849—1906).

759 **Поль Верленъ** — Paul Verlaine.

760 **Смѣющаяся Элиза** — Elise riant.

761 **Г-жа Карріеръ** — M-me Carrière.

КОРО (Corot 1796 — 1875).

762 Подъ деревомъ — Le grand Cavalier sous bois.

763 Воспоминаніе объ Остіи — Souvenir d'Ostie.

764 Чтеніе — La lecture sous les arbres.

765 Отдыхъ философовъ — Le Repos des philosophes.

766 Дюны — Dans les dunes.

Соб. Delteyl въ Парижѣ.

767 Вильдаврэ — Ville d'Avray.

ЛЕГЕТРЪ (Gustave Leheutre) род. 1861.

768 Новый докъ — Le Bassin neuf.

769 La maison Roy.

Соб. Beurdeley въ Парижѣ.

770 Площадь на Монмартрѣ — Place des Réservoirs. Montmartre.

Соб. Delteil въ Парижѣ.

ЛЕГРАНЪ (Louis Legrand) род. 1864.

771 Старый пастухъ — Le vieux berger.

772 Прислужникъ — Le Bedeau du Mas.

773 Пищевареніе — Digestion.

774 Материнскія радости — Joies maternelles.

775 Вечеръ — Beau Soir.

Соб. Pellet въ Парижѣ.

ЛЕГРО (Alphonse Legros) 1837 — 1911.

776 Кардиналъ Манингъ — Cardinal Manning.

Соб. Delteyl въ Парижѣ.

777 Процессія въ подземельи — Procession dans les caveaux.

778 Кардиналъ Манингъ — Cardinal Manning.

779 Найденный ягненокъ — Le mouton retrouvé.

780 Монахи дровосѣки — Les moines bûcherons.

781 Томасъ Карлейль — Thomas Carlyle.

ЛЕПЕРЪ (Auguste Lepère) род. 1849 г.

782 Плоскогорье — Le Clovis, plateau de Bellecroix.

ЛЕПЕРЪ (Auguste Lepère) род. 1849 г.

783 Соборъ въ Руанѣ — Cathédrale de Rouen.

784 Улица Барръ — Rue de Barres.

785 Набережная — Le Quai de l'Hôtel de Ville.

786 Новый домъ — La maison neuve.

787 Набережная — Le Quai de l'Hôtel de Ville.

788 Соборъ въ Амиенѣ — Cathèdrale d'Amiens.

Соб. Delteyl въ Парижѣ.

ЛЮНУА (Albert Lunois).

789 Calle passion.

Соб. Beurdeley въ Парижѣ.

790 Прекрасный тюльпанъ — La belle Tulipe.

791 Hollandaise de Vollendam.

МАНЭ (Edouard Manet 1832 — 1883).

792 Полишинель — Polichinelle.

Соб. Beurdeley въ Парижѣ

793 Олимпія — Olympia.

794 Гитаристъ — Le guitariste.

795 Туалетъ — La Toilette.

Соб. Delteyl въ Парижѣ.

МАТЭ (Paul Mathey) род. 1844.

796 Отецъ артиста — Le père de l'artiste.

Соб. Delteyl въ Парижѣ.

МЕССОНЬЕ (Meissonier) 1814 — 1891.

797 Послѣ дуэли — Les Apprêts du duel.

798 Рыболовъ — Le Pêcheur à la ligne.

799 Курильщикъ — Le grand Fumeur.

Соб. Beurdeley въ Парижѣ.

МЕРІОНЪ (Charles Méryon 1821 — 1868).

800 Абсидъ Собора Парижской Богоматери — L'Abside de Notre Dame.
Соб. Beurdeley въ Парижѣ.

801 Моргъ — La Morgue.

86

МЕРІОНЪ (Charles Méryon 1821 — 1868).

802 **Мостъ** — Le pont au Change.

803 **Галлерея Собора Парижской Богоматери** — La Galerie de Notre Dame.

804 **Маленькій мостъ** — Le Petit Pont.

Соб. Delteyl въ Парижѣ.

МИЛЭ. (Jean François Millet. 1814 — 1875).

805 **Материнская предосторожность** — La Précaution maternelle.

Соб. Delteyl въ Парижѣ.

806 **Отправленіе на работу** — Le Départ pour le travail.

Соб. Beurdeley въ Парижѣ.

807 **Пастушка** — La grande Bergère.

808 **Сторожиха** — La Gardeuse.

809 **Землекопы** — Les Bêcheurs.

810 **Собирательницы** — Les glaneuses.

Соб. Delteyl въ Парижѣ.

МОННІЕ (Monnier Henry 1805 — 1877).

811 La Surnuméraire.

812 **Гризетки** — Les Grisettes.

Соб. Sagot въ Парижѣ.

ПИССАРО (Pissaro 1830 — 1903).

813 **Дровосѣки** — Les Bucherons.

814 **Сторожиха** — La Gardeuse d'oies.

Соб. Sagot въ Парижѣ.

ПРЮДОНЪ (Prud'hon 1758 — 1823).

815 **Ребенокъ съ собакой** — L'enfant au chien.

816 Phrosine et Melidor.

Соб. Beurdeley въ Парижѣ.

РАФФАЕЛЛИ (Jean François Raffaelli род. 1850).

817 **Дорога** — La route aux grands arbres.

Соб. Beurdeley въ Парижѣ.

РАФФЭ (Auguste Raffet 1804 — 1860).

818 Сраженіе — Combat d'Oued.

819 Знамя — Le Drapeau du 17 Léger.

820 Пробужденіе — Le Réveil.

821 Ночной смотръ — La revue nocturne.

Соб. Beurdeley въ Парижѣ.

РЕДОНЪ (Odilon Redon) род. 1840.

822 Будда — Le Bouddha.

823 Репейникъ — La Sainte et le Chardon.

Соб. Sagot въ Парижѣ.

РЕНУАРЪ (Auguste Renoir) род. 1841.

824 Купальщица — Baigneuse.

Соб. Delteil въ Парижѣ.

РИБО (Théodule Ribot 1829 — 1891).

825 Savinien Lapointe.

Соб. Delteil въ Парижѣ.

РИВІЕРЪ (Henri Rivière) род. 1860.

826 Ramasseuses d'aiguilles.

827 Волны — Etude de Vagues.

828 Отбытіе пароходовъ — Départ de bateaux.

Соб. Sagot въ Парижѣ.

РОДЭНЪ (Rodin) род. 1840.

829 Вѣчный кумиръ — L'Eternelle Idole.

830 Antonin Proust.

831 Викторъ Гюго — Victor Hugo.

832 Викторъ Гюго — Victor Hugo.

Соб. Delteil въ Парижѣ.

РУССО (Théodore Rousseau 1812 — 1867).

833 Вишневое дерево — Le Cerisier.

834 Дубы — Chênes de roche.

835 Плоскогорье — Plateau de Bellecroix.

Соб. Delteil въ Парижѣ.

88

СТЕЙНЛЕНЪ (Steinlen) род. 1859.

836 Умирающіе — Le Moribond.

837 Безъ крова — Sans asile.

ТУЛУЗЪ-ЛОТРЕКЪ (Henri de Toulouse Lautrec 1864 — 1901).

838 Боченокъ — Le tonneau.

839 Cecy Loftus.

840 Бѣлая и черная — Blanche et noire.

841 Въ оперѣ — A l'opéra.

Соб. Beurdeley въ Парижѣ.

842 Ида Хитъ танцуетъ — Ida Heatt dansant.

843 Lender en buste.

Соб. Sagot въ Парижѣ.

844 Нѣга — Lassitude.

Соб. Delteil въ Парижѣ.

ФАНТЕНЪ-ЛАТУРЪ (Eugène Fantin Latour 1836 — 1905).

845 Снятіе съ креста — Déposition de la Croix.

846 Евгенію Делакруа — A Eugène Delacroix.

847 Парсифаль и дѣвушки-цвѣты. — Parsifal et les filles-fleurs.

848 Купальщица Сара — Sara, la baigneuse.

849 Букетъ розъ — Le bouquet de roses.

850 За вышиваніемъ — Les Brodeuses.

Соб. Beurdeley въ Парижѣ.

ФОРЭНЪ (Jean-Louis Forain) род. 1852.

851 Изъ подъ душа — La Sortie du tub.

Соб. Delteil въ Парижѣ.

852 Завтракъ — Le petit déjeuner.

853 Чашка молока — La tasse de lait.

854 Праздникъ царей — Le jour des rois.

855 Автопортретъ — Forain par lui-même.

856 Возвращеніе блуднаго сына — Retour de l'Enfant prodigue.

857 Ребенокъ и плѣнникъ — L'enfant et le prisonnier.

Соб. Beurdeley въ Парижѣ.

ШАРЛЕ (Charlet 1792 — 1845).

858 **Милостыня** — L'aumône.

859 **Торговецъ литографіями** — Le Marchand de Dessins lithographiques.

860 **Мародеры** — Les maraudeurs.

861 **Французъ послѣ побѣды** — Le Français après la victoire.

Соб. Beurdeley въ Парижѣ.

ШЕРЕ (Chéret) род. 1836.

862 **Меню банкета** — Menu du Banquet des Imprimeurs.

863 **Вѣеръ** — L'Eventail.

Соб. Beurdeley въ Парижѣ.

ЭЛЛЕ (Paul Helleu)

864 **Вистлеръ** — J. M. Neil Whistler.

865 **Мѣховой воротникъ** — Le collet de fourrure.

Соб. Beurdeley въ Парижѣ.

ЭНГРЪ (Ingres 1780 — 1867).

866 **Одалиска** — Odalisque.

867 **Габріель Куртуа Пресиньи** — Gabriel Courtois de Pressigny.

Соб. Beurdeley въ Парижѣ.

КАТАЛОГЪ

КАРТИНЪ ФРАНЦУЗСКИХЪ ХУДОЖНИКОВЪ, РАБОТАВШИХЪ ВЪ РОССІИ.

БАРЬБЕ (Barbier. Travailla en Russie au début du XIX--e s.).

868 Портретъ П. С. Валуева (1743 — 1814) Portrait de P. Waloueff.
Соб. Е. И. В. Вел. кн. Николая Михаиловича (S. A. I. le Grand Duc Nicolas Mikhaïlovitch) въ Спб.

869 Голова женщины (рисунокъ) — La tête d'une femme (dessin).
Спб. Василія Богдановича Хвощинскаго въ Римѣ.

БАРДУ (I. L. Bardou. Travailla en Russie 1785 — 1820)

870 Женскій портретъ — Portrait de femme.
Соб. Петра Петровича Вейнера (Weiner) въ Спб.

ВЕРНЭ (Horace Vernet 1789 — 1869. Travailla en Russie en 1848).

871 Портретъ гр. А. К. Воронцовой (1817 — 1856) Portrait de la C-esse Vorontzoff née Narichkine
Соб. гр. Илларіона Ивановича Воронцова - Дашкова (comte Worontzov — Dachkov въ Спб.

ДАЛЬГЕЙМЪ, баронъ Ив. Петр. (Baron Dalheim. 1832 — 1896. Travailla en Russie).

872 Пейзажъ — Paysage.
Соб. Николая Дмитріевича Романова (Romanoff) въ Спб.

ДЕЗАРНО (Auguste Desarnod. Travailla en Russie du temps d'Alexandre I).

873 Бородино — La bataille de Borodino.

Соб. **Зимняго Дворца** (Palais d. Hiver) **въ Спб.**

КУРТЕЙЛЬ (Vincent Courteuil. Travailla en Russie au commencement du XIX-e siècle).

874 Портретъ г-жи Бенуа — Portrait de M-me Benois.

874a Портретъ г. Бенуа — Portrait de M-r Benois.

Соб. **Альберта Николаевича Бенуа** (Benois) **въ Спб.**

ЛАДЮРНЕРЪ (Adolphe Ladurner † 1855. Travailla en Russie
1830 — 55).

875 Прогулка верхомъ — Promenade à Cheval.

Соб. **барона Петра Николаевича Врангеля** (Baron
P. Wrangell) **въ Спб.**

876 Смѣна Караула — La Santinelle.

877 Мужской портретъ — Portrait d'homme.

878 Конюшня — Une écurie.

Соб. **Евгенія Григорьевича Шварцъ** (Schwartz) **въ Спб.**

879 Императоръ Николай Павловичъ — L'Empereur Nicolas I.

880 Вел. Кн. Михаилъ Павловичъ — Le Grand Duc Michel Pavlovitch.
Соб. **Василія Богдановича Хвощинскаго** (Khvostchinsky)
въ Римѣ.

881 Конная гвардія — La Garde à cheval.

882 Офицеры въ Стрѣльнѣ — Des officiers à Strélna.
Соб. **Л.-гв. Коннаго полка** (régiment de la Garde à Cheval) **въ Спб.**

883 Солдаты и офицеры — Soldats et officiers.

884 Солдаты — Des soldats.

885 Стрѣлки Его Величества — Les tirailleurs de Sa Majesté.
Соб. **Л.-гв. Егерскаго полка** (régiment des chasseurs de la
Garde) **въ Спб.**

ЛАДЮРНЕРЪ (Abolphe Ladurner † 1855. Travailla en Russie 1830 — 55.

886 Зимній Дворецъ — Le Palais d'Hiver.
Соб. Л.-гв. Семеновскаго полка (régiment Semenovsky) въ Спб.

886а Молебенъ — Te Deum.
Соб. Л.-гв. Павловскаго полка (régiment Pavlovsky).

МИТУАРЪ (Mitoire. Travailla en Russie vers 1810 — 20).

887 Портретъ княгини Н. П. Голицыной (1741 — 1837) — Portrait de la Pr. N. Galitzine, née Tshernicheff.
Соб. бар. Николая Егоровича Врангеля (Baron N. Wrangell) въ Спб.

РИЗНЕРЪ-старшій (Henri François Riesener l'aîné. 1768 — 1828).

888 Портретъ Жозефины Фридрихсъ — Portrait de M-me J. Fridrichs.
Соб. Е. И. В. Великаго Князя Николая Михаиловича. (S. A. I. le Grand Duc Nicolas Mikhaïlovitch) въ Спб.

889 Женскій портретъ — Portrait de femme.
Соб. Евгенія Григорьевича Шварцъ (Schwartz) въ Спб.

СВЕБАХЪ (Swebach dit Fontaine 1769 — 1823. Travailla en Russie 1813).

890 Кавалькада — Une Cavalcade.

891 Кавалькада — Une Cavalcade.
Соб. барона Петра Николаевича Врангеля (baron P. Wrangell) въ Спб.

892 Военный походъ — Marche militaire.
Соб. Ивана Николаевича Герарда (Guerard) въ Спб.

893 Кавалькада — Une Cavalcade.

894 Кавалькада — Une Cavalcade.
Соб. кн. Ф. Ф. Юсупова (Prince Youssoupoff) въ Спб.

СИКАРДИ (Sicardi. Travailla en Russie).

894а Мужской портретъ — Portrait d'homme.
Соб. Николая Васильевича Ротштейнъ (Rotstein) въ Спб.

ТОМОНЪ (Thomas de Thomon 1754 — 1813).

895 Архитектурный видъ (сепія) — Une vue d'architecture (sepia).

896 Рисунокъ — Dessin.

Соб. Евгенія Григорьевича Шварцъ (Swartz) въ Спб.

897 Рисунокъ — Dessin.

Соб. Александра Николаевича Бенуа (Benois) въ Спб.

КАТАЛОГЪ

М И Н І А Т Ю Р Ъ

АДАНЪ (Adam 1786 — 1862).

898. Портретъ неизвѣстнаго — Portrait d'un inconnu.
                                 Соб. René Charlier въ Парижѣ.

БАРБЬЕ (Barbier).

899 Женскій портретъ — Portrait de femme.
                    Соб. барона Николая Егоровича Врангеля (baron
                                            N. Wrangell) въ Спб.

БУАЛЬИ (Louis Boilly 1761 — 1845).

900 Портретъ Э. Дешанъ — Portrait d'Emile Dechamps.
                                 Соб. René Charlier въ Парижѣ.

БУРЖУА (Charles Bourgeois 1759 — 1832).

901 M-me Буржуа — M-me Bourgeois (ivoire).

902 Женскій портретъ — Portrait de femme (huile).
                                 Соб. Chaîne въ Парижѣ.

ВЕРНЕ, Шарль (Charles Vernet 1757 — 1836).

903 Портретъ кн. Г. С. Голицына (1802 г.) съ собакой.

904. Портретъ гр. Н. А. Толстого (1804 г.)
                    Соб. Е. И. В. Вел. Кн. Николая Михаиловича.

ВЕРНЕ, Шарль (Charles Vernet. 1757 — 1836).

905 Мужской портретъ — Portrait d'homme.
Соб. René Charlier въ Парижѣ.

906 Мужской портретъ — Portrait d'homme.
Соб. барона Николая Егоровича Врангеля (Baron N. Wrangell) въ Спб.

ВИВІЕНЪ (de Vivien).

907 Портретъ Ильи Байкова, кучера — Portrait d'Elie Baïkow.
Соб. Е. И. В. Вел. Кн. Николая Михаиловича (S. A. I. le Grand Duc Nicolas Mikhaïlovitch).

ВИЖЕ ЛЕБРЕНЪ (Vigée le Brun 1755 — 1842).

908 Портретъ З. И. Бибикова. 1812 — Portrait de M-r Bibikoff.

909 Женскій портретъ — Portrait de femme.
Соб. René Charlier въ Парижѣ.

ВОДО (Vodo).

910 Мужской портретъ — Portrait d'homme.
Соб. Агафона Карловича Фаберже (Fabergé) въ Спб.

ГЕРЕНЪ (Jean Guérin. 1760 — 1836).

911 Портретъ Савари — Portrait de Savary duc de Rovigo.
Соб. Е. И. В. Великаго Князя Николая Михаиловича (S. A. I. le Grand Duc Nicolas Mikhaïlovitch).

912 Повтореніе предыдущаго портрета — Répétition du portrait précédent.
Соб. René Charlier въ Парижѣ.

ДЮБУА (Dubois).

913 Мужской портретъ — Portrait d'homme.
Соб. René Charlier въ Парижѣ.

ДЮНЪ (Dun).

914 Портретъ князя П. П. Долгорукаго — Portrait du prince Dolgoroukow.

ИЗАБЭ (Jean Baptiste Isabay. 1767 — 1855).

915 Портретъ герцогини де Рагюзъ — Portrait de la duchesse de Raguse.

Соб. Е. И. В. вел. кн. Николая Михайловича (S. A. I. le Grand Duc Nicolas Mikhaïlovitch).

915a Женскій портретъ.
915b Женскій портретъ.

Соб. гр. А. А. Голенищева-Кутузова (comte Golenistcheff-Koutousoff) въ Спб.

ЛАГРЕНЭ — младшій (Anthelme Lagrenée 1774 — 1832).

916 Портретъ Имп. Александры Феодоровны — Portrait de l'Impératrice Alexandra Feodorovna.

917 Женскій портретъ — Portrait de femme.

918 Портретъ Императрицы Александры Феодоровны — Portrait de l'Impératrice Alexandre Theodorovna.

Соб. Агафона Карловича Фаберже (Fabergé) въ Спб.

919 Повтореніе предыдущаго портрета — Répétition du portrait précédent.

Соб. Е. И. В. Великаго Князя Николая Михайловича (S. A. I. le grand Duc Nicolas Mikhaïlovitch).

ЛЕПРЕНСЪ (Xavier Le Prince. 1799 — 1826).

920 Пейзажъ — Paysage.

921 Солдаты на отдыхѣ — Halte de soldats.

Соб. Chaîne въ Парижѣ.

МАРТЕНЪ (Martin).

922 Портретъ М. П. Соломірской, рож. гр. Апраксиной — Portrait de M-me Solomirsky.

923 Портретъ С. С. Бибиковой — Portrait de M-me S. Bibikow.

Соб. Е. И. В. Великаго Князя Николая Михайловича (S. A. I. le grand Duc Nicolas Mikhaïlovitch].

МЕЙССОНЬЕ (Meissonier 1815 — 1891).

924 У окна — L'homme à la fenêtre.

Соб. кн. Ф. Ф. Юсупова (prince Youssoupoff) въ Спб.

ОЛЛЬЕ (Holliet 1845).

925 Портретъ гр. Мнишекъ, урожд. кн. Радзивиллъ — Portrait de la Comtesse Mniszeck.

Соб. René Charlier въ Парижѣ.

ПЭНШОНЪ (Pinchon 1770 — 1850).

926 Мужской портретъ — Portrait d'homme.

Соб. Николая Васильевича Ротштейнъ (Rotstein) въ Спб.

РЮ, Лизанька (Lizinka Rue, Mirbel 1799 — 1849).

927 Автопортретъ — Portrait de l'artiste.

СЕНЪ (Saint).

928 Портретъ бар. Фелькерзама — Portrait du baron de Foelkersaam.

Соб. барона Арминія Евгеньевича Фелькерзама (baron de Foel-
kersaam) въ Спб.

929 Рамка съ 12 миніатюрами — Cadre avec 12 miniatures (Aubry, Saint, Dun, etc).

Соб. Е. И. В. Великаго Князя Николая Михаиловича
(S. A. I. le grand Duc Nicolas Mikhaïlovitch).

98

КАТАЛОГЪ

ПРЕДМЕТОВЪ, УКРАШАЮЩИХЪ ВЫСТАВКУ.

I Люстра Louis XVI.

Соб. М. С. и Е. П. Оливъ.

II Четыре бронзовыхъ бра Louis XVI.

Соб. О. Н. Зандеръ.

III Бюро Louis XVI съ бронзой.

Соб. О. Н. Зандеръ.

IV Люстра 1840-хъ годовъ.

Соб. г. Свердлова.

V Люстра Louis XVI.

Соб. г. Явичъ.

VI Желѣзный фонарь 1850-хъ годовъ.

Соб. г. Явичъ.

VII Два бронзовыхъ канделябра Empire.

Соб. В. А. Верещагина.

VIII Два трепожника Empire.

Соб. В. Я. и С. Э. Евдокимовой.

IX Стулъ Empire.

Соб. В. Я. и С. Э. Евдокимовой.

X Двѣ тумбы Empire.

Соб. В. Я. и С. Э. Евдокимовой.

XI Двѣ черныхъ люстры Empire.

Соб. бар. П. Н. Врангеля.

XII Люстра Louis XVI.

Соб. О. Н. Зандеръ.

XIII Пара жирандолей Louis XVI.

Соб. О. Н. Зандеръ.

XIV Часы Empire.

Соб. О. Н. Зандеръ.

XV Часы временъ Павла I.

Соб. О. Н. Зандеръ.

XVI Люстра мраморная Empire.

Соб. Л. В. Врангель фонъ-Гюбенталь.

XVII Люстра Louis XVI.

Соб. С. А. Голяшкина.

XVIII Фонарь Louis XVI.

Соб. С. А. Голяшкина.

XIX Двѣ бѣлыя люстры Louis XVI.

Соб. С. А. Голяшкина.

XX Столъ краснаго дерева Empire.

Соб. Л. А. Ильина.

XXI Три бронзовыхъ группы работы Томира.

Соб. Б. М. Якунчикова.

XXII Два подстольника Empire.

Соб. С. И. Кутейникова.

XXIII Курильница Empire.

Соб. С. И. Кутейникова.

XXIV Часы Empire.

Соб. С. И. Кутейникова.

XXV Бронзовая фигура Empire.

Соб. С. И. Кутейникова.

Остальная мебель и бронза собственность гр. Ф. Ф. Сумарокова-Эльстонъ и Зимняго Дворца.